藍學堂

學習・奇趣・輕鬆讀

猶太人每天鍛鍊的
WHY思考法

WHY

ユダヤ式Why思考法

34個問題演練，讓你理性思考、勇敢議論所有事

石角完爾 ◎著
林雯 ◎譯

目錄

第9課　擁有堅定的價值觀

推薦序

思考得更細緻，不理所當然

NeKo 嗚喵

我相信給猶太人更多時間，宇宙的祕密會被他們解開或問光。

對於他們不停提問的民族性，我只有誠惶誠恐四個字可以形容。很遺憾現今的教育不只是放棄了提問，更讓孩子們從此遠離書本和文字，直接放棄思考啟蒙的起點，讓人不勝唏噓。即便現在獲得資訊如此容易，每個人都像是有錯失恐懼一樣對資訊囫圇吞棗。幾乎都想不起來，什麼時候懷疑過手上的資訊了。

古人都說盡信書不如無書，除了考試用到，拿到現實生活卻忘了怎麼填空。我們迴避問題，有時候只是下意識的迴避糾紛和麻煩。小時候提問會被長輩貼上「調皮」的標籤、長大後提問，會被同輩貼上「麻煩」的標籤。最後我們根本不思考了，也不會引起思考的動機。

我相信文字不是唯一一個能辨到思辨的藥引，但它是最簡單的一種方式。書中最令我驚訝的故事，是在《希伯來聖經》（亦稱為《塔納赫》〔*Tanakh*〕或《舊約聖經》）裡，摩西（Moses）與神激烈的爭辯把所有人帶出埃及的可能性。當然我們知道最後摩西還是出任務了，不過對方可是神明耶，難道不會擔心多說一個字會惹得神不開心？

從本書可以看到不只是猶太人，更多是東、西方文化的思考習慣比較。盲目相信不僅發生在宗教上、輿論或新聞，更甚有不少人也會無意間在 LINE 群組轉傳假消息。這些其實都是花幾分鐘就能查到證據的假新聞，不過有多少人不假思索的接收，而非懷疑它呢？我認為前者占大多數。

這世代需要的是不同聲音、多變思考的腦、求新求變的勇氣，不知道為什麼大環境似乎較喜歡模組化？讓每個人都是同一種樣子，才會不斷有「為什麼我不開心？」「該不該繼續待在這份工作」的困惑，放棄思考等同於放棄人生；相反的，開始思考就能重新撿起一些人生碎片，更甚至思考的精確細膩，也許能看到一些別人尚未料想的可能性。

這也是為什麼，世上知名的成功人士有四成左右都是猶太人吧！會提問，同時也要懂得問到點上，問題不只能幫自己解惑、喚醒世界，更能確立自己的價值觀與信念。

書中利用大量的故事舉例，輕鬆好閱讀。我把《猶太人每天鍛鍊的 WHY 思考法》納入每天早上起床、快速幫腦袋開機的好書單，讀者不如每天用輕鬆的心態讀一到兩篇小故事，幫自己換個成功人士的腦袋。

（本文作者為說書人）

推薦序

當你連神都質疑，你才是一名合格的猶太人

劉俊佑（鮪魚）

我最近一次對猶太人的印象，是來自 Netflix 上映的電影《原鑽》（*Uncut Gems*），由亞當山德勒（Adam Sandler）主演的鑽石商人就是猶太人。劇中有一幕使我印象深刻，主角整個家族聚在一起吃逾越節（Passover）晚餐，所有人都排除萬難到場，連欠債者與債主兩人都被迫相安無事的吃飯，可見這是一個多麼重要的節日。

但你知道嗎？逾越節，是一個需要把家裡打掃乾淨的節日，還要把家裡的酵母菌清除乾淨，連一點麵包屑或是穀物都不能留在地上。

讓我們思考一下，假設你是猶太人，如果在逾越節前一天，你家出現一隻老鼠叼著一

小片麵包，越過客廳，然後從洞裡跑出去，這時你會忽視現況放心的過逾越節，還是會翻天覆地的重新把家裡打掃一遍？

聽起來是一個思想實驗，但這是《猶太法典》（*Talmud*，塔木德）裡探討的內容。在日常生活，對宗教經典進行邏輯探討？這就是猶太人有趣的地方，不看這本書，我還真不知道猶太人如此誇張。

我再舉一個例子，書中有道練習題，要你去質疑神的旨意。題目是這樣的，《出埃及記》的時代，猶太人當時是埃及人的奴隸。某天，神突然降臨摩西眼前，對著他說：「你去埃及把所有猶太人都救出來。」摩西卻說：「這是不可能的。」

作者此時要我們回答這個問題，摩西不同意的根據是什麼？正常來說這故事的走向應該是，摩西義無反顧的接下神的請示，帶著神賜予的聖物，踏上一趟搶救雷恩大兵的艱難旅程。

猶太人的神話卻不太一樣，摩西很理性的和神進行七天的討論，我看到這裡都傻了，這不是緊急狀況嗎？還可以如此理性的討論？讀到之後的章節，我才慢慢體會到，為什麼要花一整本書來講解猶太人的思考邏輯。

思辨是猶太人生活中的一部分，尤其喜歡討論《猶太法典》和《希伯來聖經》的內容。臺灣人可能很難想像，誰會沒事在吃熱炒時，討論《聖經》或是《般若波羅蜜多心經》。

書中另一點吸引我的是，作者在日本出生，後來改信猶太教成為猶太人，也因此能體會到日本人跟猶太人兩者民族性的差異。他的職業還是一位律師，對於辯論跟深入思考的鑽研也超越常人，更能看出猶太人從不同次元思考事情的功力。

對於辯論，我想不僅是日本人不喜歡衝突跟表達自己的意見，臺灣大多數人也是謙虛愛和諧，相較之下，我是比較喜歡問「為什麼」的人，常會連問數個「為什麼」，想了解對方對於某件事情的想法，深究事物的本質。但這樣的追問也常被人誤會是在針對他，或心想「為什麼要做到這種程度，好好聊天討論不行嗎？」

書中也提及，追問事物的本質，不僅有助於跳脫框架，這是創新的種子，看透事物的本質、找出底層邏輯，更能找到有效率的解決方案。從猶太人的思考角度來說，什麼事情都「Let it go」，想要和氣生財，很有可能就失去了「思考生財」「創意生財」的機會。

曾有一位創意總監跟我說，他會去學習法語就是想換一個思維邏輯，讓自己進入法國人的身分，藉由法國人的腦袋，想出先前想不到的創意idea。

我想這本書就是把一個猶太人的濾鏡交給你，教你一套猶太人的思維模式，讓你透過猶太人的腦袋擺脫思維的慣性，看見新的未來。

（本文作者為生鮮時書創辦人）

前言

現在開始議論

若將日本人與猶太人相比，前者較重視情緒感受、現象與具體事物，擅長將事物詳細區分，也較重視整體中的部分，而後者則較重視邏輯、事物的本質，擅長抽象思考，從整體、綜合的觀點來掌握事物。基於這樣的特質，日本人就好比是「佛像的民族」，會受看得見的事物及情緒影響；猶太人則是「書的民族」，偏好追究看不見的事物與抽象思維的本質。因此在日本人眼裡，猶太人就成了愛好強辯而且難以相處的民族。

然而，不僅是金融、證券和好萊塢業界，近年來世界知名ＩＴ企業的創立者，有一半以上是猶太人。如創立 Google 的賴利・佩吉（Larry Page）、創立 Facebook 的馬克・祖克柏（Mark Zuckerberg）、Dell 的麥可・戴爾（Michael Dell）、微軟（Microsoft）的史蒂芬·巴爾默（Steven Ballmer）、英特爾（Intel）的安迪·葛洛夫（Andy Grove）等不可勝數。

諾貝爾獎得主中，猶太人也占三到四成。為什麼猶太人擁有如此傑出的知性生產力？和猶太人吃過一頓飯就能窺知一二。

我在日本出生，本業是國際律師，以歐洲為據點，因故改宗猶太教、成為猶太人，現居歐洲。身為猶太人，每天（包括週末）早上、中午、晚上都要禱告。因為要到猶太教堂（Synagogue）參加聖經讀書會，常有機會和同胞聚餐。不論是在現居的瑞典還是到美國、歐洲各地，我都會到當地猶太教堂和同胞聚餐。

猶太教對用餐有嚴格的限制，信奉者只能吃以符合戒律的方式處理的東西，所以幾乎不外食。也因此猶太人即使和異教徒同桌，氣氛通常好不到哪裡去，所以自然會聚在一起吃飯。

猶太人只要聚在一起，就會突然爭論起來。猶太人特別喜歡討論、爭辯，尤其興致來時會讓旁人覺得像在吵架，但他們激烈論辯、爭吵後還是能氣氛融洽的一起用餐。對猶太人來說，意見有分歧是理所當然，他們很歡迎別人提出異議或反駁。猶太人認為討論是一種藝術，也是鍛鍊大腦的智慧泉源。用一句話描述猶太教的本質就是「debating」（辯論）。

藉討論鍛練思考

猶太人吃飯時可能會爭論這樣的事：「神是全知全能的，才能創造出連自己也搬不動的岩石。因此神並非全知全能。」他們會認真討論這種三段論法為何怪怪的。

議論大都與《希伯來聖經》和《猶太法典》有關。前者是猶太教正統經典，雖然是大約三千年前寫的，至今仍是世界第一暢銷書。

《猶太法典》主要是巴比倫尼亞（今伊拉克的巴格達）的口傳律法，以及記錄希伯來學者議論的文集，內容涵蓋日常生活中所有事情的規範與相關的詳細討論。一般認為，約一千五百年前，《猶太法典》就已形成現在的樣貌。

認真的猶太人，每週都會讀《希伯來聖經》和《猶太法典》，哪一頁寫了什麼大致都記得，所以一上餐桌就開始高談闊論。

「我贊成猶太法典的說法。」「為什麼？」討論發展的方向，是以《希伯來聖經》和

《猶太法典》的內容為前提，所以不具備知識的人完全跟不上。即使不談《希伯來聖經》《猶太法典》，猶太人也很喜歡玩思考遊戲，用邏輯擾亂對手、說服對方。

日本人討厭強辯，喜歡以「那裡的炸蝦天婦羅很好吃」、職棒或演藝八卦之類的話題來炒熱氣氛，沒辦法像猶太人那樣。為什麼猶太人有傑出的知性生產力？因為猶太人是議論、思考的民族，更進一步說，是想盡辦法思考「為什麼」的民族。腦在討論根本問題時能發揮最高效能，而不是在感動或生氣時，也不是在聽課、聽演講或背誦時。

以世界最優秀大學自豪的哈佛大學與劍橋大學，皆開設著名的輔導課程，由教授和一到兩名學生，在辦公室討論一個半小時以訓練思考。也就是說，思考力可經由討論鍛鍊，而且會隨著訓練的份量而提升。

「但該怎麼做呢？沒有討論對象啊？」所以本書提出「一個人也可以進行討論訓練」的方法。本書以每個猶太人從小就讀的《猶太法典》為基礎，重現猶太人日常進行的議論內容與方式。希望讀過本書後，你也能體驗到猶太式「Why 思考術」，並且融入每天的思考訓練中。

不管氣氛只看事實

猶太人平時就會思考、談論這樣的事：

議論範例 A

有兩人潛入鴉片交易、誘拐與謀殺橫行的危險地帶，他們被黑手黨抓走後遭到殺害。其中一位是商人、單身，想用鴉片賺錢；另一位則是記者，為了採訪受鴉片折磨的兒童而進入現場，家中有妻子和兩個孩子。

媒體壓倒性傾向同情記者，但神的看法是相反的，記者的靈魂恐怕會遭到神嚴格的審問。為什麼呢？

拒絕議論的國家無從產生革新，甚至可能衰退。本書所說的「議論」不是電視播的談話性節目，因為攤在電視等公開場合討論的議題往往比較麻辣，這裡強調的「議論」，是指討論可能動搖社會根本價值觀的題材。

所謂議論就是不須察言觀色，就算破壞氣氛也要發表己見。全體國民察言觀色所得出的戰略會在不為人知的情況下暴露缺點，不僅是個人，在公司、組織層次如此，在國家層次也是如此。

下一個範例中將呈現這樣的情況。

議論範例 B

「日本持有大量美國國債作為外匯存底，共一百四十七兆日圓（約合新台幣四十二兆五千萬元）。因此，日本財政不會破產。」這個論點正確嗎？

我認為，只要從外匯存底中各國黃金的市場占有率（外匯存底中黃金持有量的比例，按：見圖表 0-1）就可看出此論點破綻百出。

很明顯，日本外匯存底中的黃金持有比例非常低。其中美國、德國、義大利、法國、荷蘭、葡萄牙、委內瑞拉、奧地利、比利時、英國等國黃金儲備充足，中國沒有公布，但據說也儲存了大量黃金。

從這份資料中可以看到什麼？有些經濟評論家認為「日本財政不會破產，因為外匯存底世界第一」，但經濟評論家製造的社會氣氛，經常也是只有數字的謊言。

圖表0-1 各國外匯存底金額中黃金的比例

葡萄牙	90.5%	南非	13.6%
美國	76.1%	瑞典	13.3%
委內瑞拉	75.2%	科威特	13.0%
德國	73.2%	菲律賓	12.9%
義大利	72.5%	瑞士	11.0%
法國	72.0%	印度	10.3%
荷蘭	60.3%	俄羅斯	9.8%
奧地利	56.1%	澳大利亞	9.4%
比利時	40.1%	臺灣	5.9%
西班牙	30.4%	泰國	4.6%
英國	16.1%	印尼	3.7%
土耳其	15.1%	日本	3.3%

*資料來源：鉅亨網「各國官方黃金儲備排行」。
*更新時間：2020/02。

難道沒有人提出反駁：黃金才是所有經濟價值的根源，也是國家存在、立足的根本，沒有黃金作為保障的外匯存底，又有什麼用？接下來，再介紹猶太人的另一種議論。

議論範例C

「國家與個人的儲蓄都是鈔票、股票，那對一般人而言，應該持有國債還是金銀寶石比較好？」

猶太人在議論時，不會

隨現場氣氛起舞，也不會跟風，通常是追求事實，尤其是歷史、經濟、統計上的事實，甚至回顧數千年的歷史，然後尋找最好的答案進行判斷。相反的，多數日本人判斷事情時會受評論家、電視、雜誌、報紙等媒體，以及當時（最長不過近幾個月）的社會氣氛左右。這種例子不勝枚舉。

日本以前有小額存款（三百萬日圓，約合新臺幣不到八十七萬元）不課稅的制度，許多人毫無節制的利用，現在則有許多人瘋狂利用NISA（個人小額投資免稅儲蓄帳戶）制度。而如果股市行情看漲，就會有許多人瘋狂想投資股票。

猶太人不受社會氣氛影響、以古鑑今的決策模式，可說是四次元的思考，自然會看見不同的答案，這正是猶太人創造科學革新與享有財富的祕密。

猶太人在議論時，從不害怕與他人意見對立，因為對他們來說，思考根本問題、彼此討論才是自保的方法；但對總是顧慮社會氛圍的我們而言，無論個人、公司或國家層次，一定要學會讓大家認為自己是「自我中心」「利己主義」「不懂和諧」「怪人」「特立獨行」才行。

藉由閱讀本書，你也能用自己的頭腦思考書中的問題、找出屬於自己的答案。這樣一來，不只現在的工作、生活環境，即使是離職後或改變生活圈，你也仍然能運用邏輯思考為自己爭取權益。希望本書在這方面能對讀者有些幫助。

引言

對任何事抱持「為什麼」思考

超弦理論（Superstring theory）權威、知名物理學家加來道雄是日裔美國人，自高中起便有個響亮的綽號——天才。他在加州出生、長大，星期天會到週日學校讀《希伯來聖經》，很喜歡裡面各式各樣的故事。這位天才物理學家是如何被栽培出來的呢？從他六歲時問週日學校老師的問題就可見一斑。

小加來道雄：「神有媽媽嗎？」

老師：「我認為沒有喔！」

小加來道雄：「那麼，神到底是從哪裡來的呢？」

（出自《平行宇宙：穿越創世、高維空間和宇宙未來之旅》（*Parallel Worlds*）加來

道雄著，暖暖書屋出版）

提出這樣的問題非常重要，因為**提問正是思考的起點**，而我們同年齡的孩子卻很少能問出這種問題。

猶太教最重要的教義就是「問問題」，不像東方人的孩子，把老師寫在黑板的內容照抄在筆記本上、把教科書寫的全部背下來的，就是「認真好學」。

如果老師說：「神創造了世界。」許多孩子可能會回答：「嗯，大概是吧！」乖乖接受老師的說法。這些孩子不能像小加來道雄一樣，對老師教的知識或聖經的記載存疑，追根究柢的問：「這是怎麼一回事？」

據說小加來道雄在週日學校《希伯來聖經》讀書會上，曾因老師不經意說的話而大受激盪。

「因為神非常愛地球，所以把地球放在距離太陽剛剛好的位置。」

神創造天地時，把地球放在距離太陽剛剛好的位置，所以地球上才會有生命誕生。如果距離太陽遠一點，海也許會結冰，地球就會變成像火星一樣冰凍的行星；如果距離太陽近一點，海就會蒸發或消失，地球就可能成為跟金星一樣灼熱的行星。

離太陽太近或太遠都無法有生命誕生。這個認知讓小加來道雄興奮不已。據說小加來道雄拚命思考，太陽與地球絕妙的位置關係是純屬偶然，還是有誰非把這兩個星球放在那個位置不可？如果是的話，這樣的位置又是誰放的？這般幼兒期的體驗，讓加來道雄受宇宙物理學吸引，成為日後的天才物理學家。

沒有問題不值得動腦

「為什麼」是所有思考的起點。進化論說人類是從猴子演化而來，但若有「為何猴子不是演化成企鵝」的疑問，其實也不奇怪。若遺傳基因有一點突變，說不定猴子就會變成企鵝了。可能也有人會疑惑：「為何猴子不是進化成蟑螂？」這也並非不可能，如果基因稍稍受損或退化，猴子或許會變成其他動物或昆蟲。

雖然在現實上，猴子是進化成人類，但試著思考這個問題會覺得很不可思議。「或許猴子進化成人類並非偶然，而是有某種原因？若是必然的，又是什麼原因呢？」如果孩子沒有這種疑問，將來就很難變成偉大的生物學家。

這種現象，家庭、學校、社會也要負起責任，因為我們沒有營造可引導孩童產生疑問的環境。例如當孩子問「神有媽媽嗎？」或「為什麼猴子不是進化成企鵝？」時，許多老師或家長會說他們問奇怪的問題，然後不把孩子的疑惑當一回事。如果孩子不肯罷休，老師就會把他貼上干擾上課的「壞孩子」標籤。

禁止孩子問問題，不僅扼殺他們的好奇心，也等於封鎖思考的可能。無論孩子提出多麼無知還是異想天開的問題，長輩能不能說「這是個有趣的問題」然後加以傾聽，跟他們一起思考？培養對任何事都抱持疑問的思考力，早期教育環境非常重要。

小加來道雄和老師之間的問答，在猶太家庭中相當常見。猶太人母親從孩子小時候，就不斷讀有關《希伯來聖經》《猶太法典》教義的故事給孩子聽，故事中登場的人類、動物有什麼行動，猶太媽媽就會提出來問孩子：「如果是你會怎麼做？」孩子回答後，還會問他：「為什麼會這麼想？」透過親子間的議論，就能鍛鍊出孩子的思考力。

既然兒童時期的環境很重要，成人是不是就來不及了？

絕對沒有這回事。**思考力的鍛鍊從幾歲開始都可以**。重要的是，要「對一切抱持疑問、提問」，要讓頭腦動起來，再微不足道的疑問都沒關係。猶太人從小就動腦自由思考，熟讀《猶太法典》，甚至視為學習人生智慧的教科書。接下來，本書以《猶太法典》介紹至今仍然很有用的猶太式思考法。

第 1 課

什麼事都要辯

練習1. 回答孩子的問題

吃飯時，孩子看著杯中的水，問：「為什麼水是透明的？」你會怎麼回答？

「天空為什麼是藍色的？」「鳥為什麼能在空中飛？」「月亮為什麼會亮？」「那個叔叔為什麼禿頭？」孩子總是好奇心旺盛，對目光所及的事物都興味高昂，不停問：「為什麼？」「怎麼會這樣？」即使對大人而言理所當然，或是為了不使對方困擾而不敢問的事，孩子也會毫不在乎問出來。

大家遇到這種問題，一時間也會無言以對吧？

回到前面的問題。當孩子問：「為什麼水是透明的？」你會怎麼回答呢？

a. 糾正他，要他吃飯時別說話：「這種事不重要。現在是吃飯時間，趕快吃。」

b. 告訴他：「水一定是透明的啊！」

c. 反問他：「你怎麼會想到這個？」和他一起思考。

我想到以上三種可能的回應方式。選a或b的人要注意，這兩個答案恐怕有強烈拒絕思考的心態。

為什麼我們該質疑常識？

常不深入思考，也不會對日常生活造成任何困擾。尤其是被視為常識、理所當然、社會慣例之類的事，即使不逐一提出疑問、徹底思考，事情也能在彼此的默契下順利進行。

人們寧可安於現狀而不思考「為什麼」，通常是因為提出問題可能會損及人際關係。因為許多人覺得愛提問的人不好相處，或是想「都是大人了，應該要會察言觀色才對」。

「為什麼水是透明的？」就屬於這類問題。多數大人都會回應：水就是透明的東西，就這樣。雖然如此，真的被問到這種問題時，能正確回答的人有多少？若從未深入思考「水是透明的」的理由，能說出正確答案的人恐怕不多。

因為答不出來就偷偷把話題轉成禮貌問題，要對方「專心吃飯，不要扯這種無聊的話」，是「不思考」的象徵。

經驗推斷就是不思考

缺乏思考有時甚至會造成難以挽回的事。二〇〇三年哥倫比亞號太空梭在重返大氣層時機體爆炸，發生空中解體事故，導致七位太空人犧牲生命。為什麼會發生這種事？

在《新創企業之國：以色列經濟奇蹟的啟示》（*START-UP NATION*，木馬文化）[1]一書中，即介紹美國太空總署（NASA）地面團隊對事故處理的詳細調查研究。書中記載：這次事故發現一個問題，就是現場氣氛死板限制了討論。

爆炸的直接原因，很明顯是太空梭起飛時，機體剝落的發泡隔熱材料碎片擊中左主翼造成破洞。問題是：從起飛時材料碎片碰撞左主翼，到重返大氣層時發生爆炸，中間過了兩週的時間。

難道在這兩週中，沒有任何對策能避免事故發生嗎？事實上，聽說當時內部有工程師預測可能引發悲劇，提出應趕快確認並修復太空梭上的毀損，但他的提議被上層駁回，因為過去也有太空梭起飛時發泡材料造成機體損壞，不過沒有引起任何事故。上層用經驗推斷，認為這次剝落應不至於太嚴重，只要定期維修機體就可以。其他人沒有工程師的危機意識，也不想深入思考討論，最後導致最糟的結果。

從身邊培養議論風氣

同樣是太空梭的發射事故，和哥倫比亞號的慘事相比，阿波羅十三號則幸運生還。一九七〇年，阿波羅十三號發射兩天後，其中一個氧氣罐爆炸，被認為返回地球可能會發生危險，但NASA團隊臨機應變，使太空人平安返回地球。

這兩個事件的差別在哪裡？《新創企業之國》一書指出以下幾點：首先，阿波羅十三號的團隊擁有能自由提出意見交流的環境。指揮中心負責人金・克蘭茲（Gene Kranz）在發射的幾個月前就開始溝通想法，不只在NASA內部，連對外部的包商也是，以求累積最大的訓練效果。

他們平時就鼓勵百無禁忌討論所有事，營造不論任何立場都能由提出意見、彼此傾聽想法的環境。在不斷變化的情況中，再無關緊要的事、已知的事，經由討論都可能轉化為新的智慧。能救回所有人都認定已陷入絕境的阿波羅十三號，是因為團隊不畏討論任何事的態度，即使是禁忌的事也不例外。

1 這本書相當能掌握以色列（Israel，人口以猶太人為主）企業厲害的祕訣，在美國成為暢銷書。

不只這種面臨危機的緊要關頭，大家平常應該也可以體會到，不思考會導致組織僵化。**避免不思考的唯一方法，就是把自己周圍的所有事都當作議論對象，尤其是與社會風氣對立的問題點**。大家可以從這裡開始學習猶太式思考的第一步，尤其是世人、社會、公司、朋友之間似乎不能談論的話題，更要認真議論。

「可以捕鯨嗎？」「如何防止父親對親生女兒性侵害？」「伊斯蘭教原本是和平的宗教嗎？」「可以把輕視他人的宗教信仰，當作是表現的自由嗎？」「中國的諾貝爾得獎者比日本少，所以是較劣等的民族嗎？」「ＩＳＩＳ的殘暴和二次大戰時的日軍有何不同？」「投原子彈、東京大空襲這種無差別大量虐殺，比ＩＳＩＳ更沒人性嗎？」

在公共場合討論這類話題確實很難，可以先和朋友、家人討論看看。為什麼社會上很難公開議論的事要先從家中開始？因為討論很容易尖銳化，雖然這就是思考運作的結果。

練習2. 質疑神的旨意

《希伯來聖經》中「出埃及記」的時代，猶太人在當埃及人的奴隸，被迫服辛苦的勞役。某天，神忽然現身於逃出埃及的摩西眼前，說：「你去埃及把所有猶太人都救出來。」摩西不以為然：「這是不可能的。」

問題

摩西不同意的根據是什麼？

《希伯來聖經》中記載了摩西和神的爭論。神啟示摩西：「把猶太人帶出埃及，前往迦南（Canaan，即今巴勒斯坦）。」摩西不接受。

如果是你，會怎麼想呢？應該會認為「違逆神的旨意很不尊敬」，然後遵從神的指示吧！我們來看看摩西如何反駁。

摩西：「這是不可能的，沒沒無聞的我去那裡，對猶太人說要把他們救出來，沒有人會相信的。」

神：「我必與你同在，安心

吧！是我派你去埃及的。」

摩西：「神，你開的玩笑讓我很困擾。我到埃及，在全體猶太人面前說：『你們祖宗的神打發我到這裡來，我以神的使者身分來解救你們。』猶太人會怎麼想？他們一定會說：『神？沒聽過。叫什麼名字？』我要對他們說什麼呢？」

神：「我就是我。」

摩西：「這個答案他們不會接受的。猶太人會問：『你看過神嗎？』這樣我該如何回答他們呢？」

神：「不要擔心。我會讓他們看見神蹟。」

摩西：「我向來不是能言善道的人，無法說服猶太人。」

神：「誰造人的口呢？口、語言是我給予人類的。安心吧！我必與你同在。」

神和摩西就這樣討論了七天。猶太人有許多和神談判、爭論是與其激烈辯駁的故事。

摩西對神說「即使說你是神，也沒有人會信」，相當不禮貌、傲慢。不過，用連神的存在都懷疑的態度來議論，正是猶太人思考的特徵。

這種態度如果在東方社會，就會被指責：「不信神佛，這傢伙的信仰多薄弱！」許多人因為別人說「誦經未來就會得到幸福」就毫不懷疑的持續誦經，認為佛值得感謝而加以尊敬、崇拜，這樣的表現會被視為信仰虔誠。

如果猶太人看到釋迦牟尼佛像右手舉起、左手放在膝上的姿勢，也許會疑惑：「為什麼釋迦牟尼佛會擺這種姿勢？」然後開始討論這個問題。

二〇一四年，好萊塢電影《冰雪奇緣》廣受全世界歡迎，「Let it Go」這句話甚至大為流行。而對神或佛的存在，猶太人絕不會「Let it Go」的盲目相信。「對神的存在抱持疑問的猶太人」與「毫不懷疑的猶太人」相比，哪一種才是好的猶太人？這個問題經常被討論。

猶太人認為，連神的存在都以懷疑的態度思考「為什麼」，才能更深入理解神，更接近神。

重新思考常識、專家意見

摩西質疑神的故事告訴我們，即使是神的啟示也不可盲目相信。如果盲目相信，當下思考就停止了。如果不思考，不只不會有新發現，也不會注意到認知與解釋上的錯誤。若忽略了致命的錯誤，就可能發展成類似哥倫比亞號（見練習1）的悲慘事件。

無論任何事，首先要試著懷疑，問「真的嗎？」相當重要。我們很容易毫不懷疑的接受社會常識、輿論、業界慣例等，但越是讓人容易贊同的事，就越該以懷疑的眼光來看待。例如，大家都說「奧運是體育運動的盛典」，真是這樣嗎？猶太人就不會全然接受這個看法。猶太人在猶太教堂的讀書會中常展開這類論戰：「奧運原本不是羅馬競技場中，奴隸被迫和獅子搏鬥的節目嗎？參加這種事，神會喜悅嗎？」

對地位崇高者或該領域專家的言論，猶太人也不會毫無保留的接受。他們不認為因為話是「〇〇大學〇〇教授說的」「醫生說的」，或「政府公布的」就不會有錯。然而，許多人遇到「權威人士」就招架不住。無論發言人是誰、頭銜是什麼，問「真的是這樣嗎？」是很重要的事。

教科書中的內容也不例外。書上寫「聖德太子[2]制定憲法十七條」，仍然有必要懷疑：「真的嗎？這是史實嗎？」如果將其視為史實，就要徹底調查有什麼根據。

尤其是媒體的報導、社會上被視為多數意見的言論，更要批判，不能懶得動手查證。

例如媒體報導電費高漲是因為核電廠停止運轉，這是真的嗎？如果使用核電電費就會降低，那麼零核電國家的電費就會比較高才對。以懷疑的態度詢問實際情況、徹底思考，就有可能看見真相。

2 聖德太子（574-622）誕生於一千四百多年前的飛鳥時代。

練習3. 該歸功於誰？

有位國王生病了，請來的醫生都治不好，國王只能一天一天衰弱下去。

有名巫師恰巧路過此地，便為國王看病。「要治好這個病，除了給他喝世上最難取得的母獅子奶以外，別無他法。」

因此國王詔告天下：「取得母獅子奶的人，要什麼獎賞都可以。」

然而，母獅為保護幼獅，會把接近者都咬死，獎賞雖吸引人，但全國沒有人敢去取母獅子奶。

不過，有個住在村裡的年輕人前去挑戰。他的眼睛和手腳商量，找到了一頭母獅。他考慮各種方法，決定給母獅羊肉，同時接近母獅一步，隔天再給母獅羊肉，再接近一步……連續幾天這麼做，慢慢接近母獅。

年輕人鼓起勇氣付諸實行，幾天後，雙手、雙腳、雙眼已接近母獅乳房的位置。他終於解除母獅的警戒心，成功拿到母獅溫熱、新鮮的奶。不過，當他把母獅奶拿到國王的面前時，雙手、雙腳、雙眼竟然吵了起來。

眼睛：「是我正確測量出跟母獅的距離，才有辦法一步步接近牠，所以我應該得到最多獎賞。」

腳：「就是因為有我，母獅如果發動攻擊才能逃跑，我是最重要的。當然，一步步接近母獅的是我，所以我應該得到最多獎賞。」

手：「把母獅奶擠出來的是我，這才是最重要的任務。」

聽了三者的爭論，目前還沒做任何事的「嘴巴」第一次開口：「你們說的都不值一提，我才應該得到最多獎賞。」

對此，雙手、雙腳、雙眼反駁：「你在說什麼？你不是什麼都沒做嗎？你完全不該有獎賞才對！」

問題

嘴巴該如何讓眼睛、手、腳同意，他應該獲得最多獎賞？

人類有兩隻腳、兩隻手、一雙眼睛、兩個耳朵、兩個鼻孔，重要的東西都有兩個，嘴卻只有一個。你懷疑過為什麼會這樣嗎？**猶太人對即使不知理由也不會妨礙生活的、「理所當然」的事，也會從頭議論原由。**

猶太人認為，嘴只有一個，是因為嘴比手、腳等重要。有句猶太格言：「舌尖上有幸福。」就是因為常說話、發言、提出主張，就能把幸福拉到身旁，而沉默則會讓幸福溜走。

因此，當有兩個人在爭論時，猶太人會毫不顧慮的插嘴，立刻開始三個人的攻防。猶太人就像是從嘴巴生出來的民族一般，非常喜歡議論、爭辯。

爭論，帶你走出絕境

「以色列」（Israel）的語源就是發牢騷的人、爭論的人、頂嘴的人的意思。讀過《希伯來聖經》就會知道，猶太人會直接反抗上位者、提出不滿。摩西和其上位者（神）爭論、挑釁的場面也非常多。

神對向自己頂嘴的摩西、猶太人，只有愛護、顯示神蹟拯救他們。埃及的追兵對摩西帶領出埃及的六十萬猶太人窮追不捨，將他們逼到前有大海、後有追兵的絕境。如果是其他人遇到這種場面，或許會想「我們團結一致和埃及軍肉搏，玉石俱焚吧！」但猶太人完全不這樣想。

他們向摩西抱怨：「被摩西騙了！如果事情變成這樣，在埃及當奴隸還比較好。死在這種沙漠連個墳墓都沒有。」儘管說這種話無法開創新局面，還是要表示不滿，這就是猶太人。不過，神聽見抱怨而顯示神蹟，讓海恰恰分成兩半，猶太人因此得以脫身，所以猶太人學到「如果不抱怨，神就不會顯現奇蹟」。

邏輯致勝

「對上位者提意見」是猶太人的特性，對神也不例外，所以猶太人對人類的主管、組織的長官當然更不會放過。組織經營理論所說的「搞定一百個美國人比搞定一萬個日本人還難，但比起統率一百個美國人，指揮五個猶太人根本難如登天」，理由即在此。

如同母獅子奶的故事所說，嘴巴存在的重要性有這麼高。如果是你，要用什麼邏輯才能讓腳、手、眼都同意嘴是最重要的？請繼續看這個故事。

把母獅奶送到國王那裡時，嘴隨便喊：「國王陛下，在此將狗的乳汁呈上，如此，陛下的病就能痊癒。」

國王聽了大怒：「說要送母獅奶過來，怎麼是狗奶？馬上處死！」雙眼、雙腳與雙手都被嚇得發抖，於是向嘴懇求：「喂，拜託你說實話吧！」

「你們看看，嘴才是最重要的。獎勵全部給我，可以嗎？」雙眼、雙腳、雙手只好勉強答應。

因為雙眼、雙腳、雙手的死活全靠嘴巴，嘴巴掌握其他器官的命運。「不，我覺得眼睛才最重要」「不，我覺得是鼻子」這些意見也很好。**為了使議論熱烈起來，避免陷入不思考的狀態，就必須有各式各樣的意見**。如果你覺得眼睛最重要，就說出你能讓對方接受的根據。

提問，比答對還重要

試著注意平時覺得毫無疑問的東西，思考「為什麼」，也能幫助你鍛鍊腦力。例如在猶太家庭中，三歲左右的孩子可能會問母親：「風看不見，沒有形狀、無色無味，為什麼我們能感覺到它？」

你會怎麼回答呢？當然，這個問題沒有標準答案。母親不會期待孩子用物理、化學知識來討論這個問題，而是要孩子有自己的想法，獨立思考「看不見風卻能感覺到它的理由」來訓練議論能力。

孩子有疑問就要提出，這在猶太家庭中相當重要。例如愛因斯坦五歲時，爸爸買了一套磁鐵給他。他對磁鐵冒出各種疑問，就和爸爸一起實驗，據說這些經驗開啟他學習物理的契機。

美國物理學家費曼（Richard Phillips Feynman），開拓量子電磁力學這門新領域，獲頒諾貝爾獎。他在自傳中回憶，幼時父親帶他參觀博物館，和父親討論的經驗是他日後想成為科學家的關鍵。費曼回想，父親從商，雖然很多說明不正確，但是已啟發他對科學的興趣。

不只是猶太人，世上任何民族、所有父母都會為打開孩子對知識的好奇心而費盡心思，其中以猶太父母為最，因為他們非常積極督促孩子問問題。愛因斯坦、費曼及許多猶太知識巨人，都是在這樣的環境中成長。

猶太人中，有許多在學問上有不凡成就者，例如：創立 Google 的賴利．佩吉、謝爾蓋．布林（Sergey Mikhaylovich Brin）、微軟的史蒂夫．巴爾默等實現劃時代的創意、商業上成功的人，都是因為他們對任何事都抱著懷疑的態度、積極提問，以及隨之產生喜好議論的態度所致。

禮貌反而限制思考

抱持疑問沒有例外或禁忌。例如，孩子可能會指著路旁約二十多歲的年輕人，問：

「媽媽，那個人的頭為什麼光禿禿的？」一般人大概會說：「不要說了！沒禮貌！」制止孩子後快速離開。

一般人可能會覺得，對他人身體特徵指指點點很失禮，被說的人應該會覺得受侮辱，所以不能這麼說。但猶太人可不這麼想。如果是猶太人母親，大概會問孩子：「你知道為什麼嗎？」要他自己想一想。無論是他人的身體特徵或其他事物，猶太人都很重視問「為什麼」。

有一句猶太格言是「害羞的孩子得不到學問」，越會問「為什麼？」的孩子，越能得到父母誇讚。因為能提出「為什麼有人沒頭髮」，才會接著討論「人類究竟為什麼會長頭髮」。

當忘了問「為什麼」時思考就停止了。斥責孩子「不要講這種沒禮貌的話」，就不會產生更多討論。**許多人顧慮他人的心情、講求以和為貴，這就是缺乏思考力的元凶**。

練習 4. 與神爭夫

某村有個美麗女子，名叫底波拉，家境富裕、熟習《妥拉》（*Torah*，也稱為《摩西五經》，是猶太教的訓誨書）。到了適婚年齡，她和父母挑選的青年結婚，但婚禮當天晚上，新郎突然死了。

過了幾年，底波拉再度和父母挑選的優秀青年結婚，但婚禮當天晚上，新郎又突然死了。到第三次結婚，新郎仍在婚禮當晚暴斃。底波拉對婚姻也死心了。

不久，有個親戚的兒子遠道而來，底波拉的父母非常喜歡他。男子向底波拉求婚，父母告訴他過去三位新郎死亡的事想阻止他，但他說：「我對神誠實，神是愛我的，不會發生這種事。」

底波拉的父母拗不過他，就讓他和底波拉結婚。結婚當天神派來天使，召那男子到天國。死亡天使對新郎說：「請跟我一起來吧！」天使催他啟程，這時久候在旁的底波拉現身了。

問題

底波拉會採取什麼行動？

這裡的「神」象徵可自由奪取人命的掌權者。掌權者目前已數度帶走新郎、奪走底波拉的幸福，現在又要帶走第四名新郎。

從未做過什麼壞事，為何遭受這種不合理的待遇？底波拉難掩憤怒。難道只因為是「神的決定」就該被這樣對待、只能無可奈何的唉聲嘆氣嗎？底波拉決定孤身一人對抗。這次她冷不防插進新郎和天使的對話中：「你就是從以前到現在奪走我新郎的死亡天使吧！你回天上向神轉達幾句話。」她大聲對死亡天使說：

「《妥拉》中記載，男子結婚後應和新娘在一起。所以，神不能把新郎帶去天國。」

死亡天使：「那麼，妳是反對神的決定，要和祂爭論嗎？」

底波拉：「沒錯。《妥拉》中寫：『男子結婚，必須將家庭置於工作之前，和妻子在一起。』婚禮當夜將丈夫綁架到天國，違犯這項教義。《妥拉》的教義不是神所創造嗎？神踐踏自創的教義，我要向宗教法庭控告神。」

底波拉一口氣說完後，狠狠瞪著死亡天使。死亡天使目瞪口呆，慌慌張張的獨自回到天國，和神商量：「底波拉說要把神拉到法庭，該怎麼辦呢？」

神說：「嗯，甘拜下風。可以不要再去底波拉家了，去別的女孩子家吧！」

神放棄從底波拉那裡奪走丈夫的念頭，所以最後底波拉奪回心愛的丈夫，和他過著幸福的日子。

底波拉毅然決然和神的使者（天使）爭論，開創一條路。**面對任何權威仍然勇敢議論、據理對抗，這就是猶太人的教育**。

敢於向上提議

許多人要對頭銜、職位比自己高的人提出勸告或提議時，往往會覺得猶豫。因為社會上平步青雲的，總是遵從主管、公司指示，有效率完成工作的人。

事實上，如果有人對主管提出意見，如「這裡再加強一點比較好」，常會被視為破壞組織和諧，而被同事疏遠，所以很難施展得開。不過，這種「順從組織就會獲得重視」的規則不適用於全世界。

我在矽谷ＩＴ企業擔任顧問時，該公司的負責人說，他們公司有烏克蘭和日本技術人員，他會對兩個文化背景的部屬做不同的安排。烏克蘭的技術人員會說「這樣比較好」

「那樣比較好」，而且通常對最新技術很感興趣，也會主動學習、提案。日本技術人員能力雖然強，但是提案能力等於零，他們忠於主管指示、會在期限內完成工作，對工作也非常認真。

也就是說，前者是提案型人才，後者是作業型人才。聽到這些話時我不禁產生一種危機感：甘於接受承包工作是不行的。過去曾有段時間，即使承攬代工業務也能賺到夠用的錢，因為便宜、品質良好的產品與服務，勢必會席捲世界市場。

不過，現在有些新興國家崛起，他們擁有不遜於日本的技術、價格競爭力，若日本只甘於從事承包代工的工作，前途將一片黑暗。尤其現在已見到代工沒落的趨勢，我們更應朝創意、企畫努力。

我認為社會上之所以存在眾多作業型人才，是因為學校教育有相當大的問題。由於許多老師授課只是寫黑板讓學生抄筆記，缺乏給學生思考的時間。在這種情況下，說教師是權威的象徵也不為過。不是有很多人被教導「老師說的就是對的，不可違背老師」嗎？長年持續這種填鴨式教育，結果就是養出大量不自己動腦的作業型人、代工型人。

對於培養未來人才的教育現場，我建議採用「不論對方是誰，都不畏與之爭論」的猶太式思考。

老師說的話也應抱持懷疑，問：「真的是這樣嗎？」例如，五十分鐘的課程，最好有四十分鐘保持對老師採取問題攻勢的熱情。你的問題或許會讓講課中斷，引起同學抱怨，但請不要在意。即使老師繃著臉表示不滿：「課堂上不能只把時間花在回答你的問題上。」也請不要罷休：「這一點怎麼也搞不懂……我是這麼想的，請老師告訴我您的想法。」

透過討論才能更深刻理解學的東西、逐漸看見真相。

身處弱勢仍無懼提問

在商場也是一樣。許多人特別無法招架大企業的權威，只要自己公司規模較小，或對方擁有崇高地位或頭銜，就會放棄與之議論、談判，有時連思考也放棄了。例如，很多人可能都有這種經驗，當大企業客戶單方面告知：「這是公司的方針、已經決定了、依慣例一直是這麼做」……就會讓自己的公司屈服於不利的條件。

採用猶太式思考的人聽到這些話絕不會罷手，而會向對方提出覺得有疑問的部分，和對方爭論、尋找談判的線索。「公司方針是什麼？誰制定的？請讓我直接跟他談。」「這種方針的理由是什麼？」「所謂慣例，是從什麼時候、由誰開始的？誰同意的？」

大企業客戶如果沒有被直截了當反駁，恐怕還會為了自己行事方便繼續打發對方。面對這種客戶更應專心思考，毫不畏懼拋出疑問，尋找破除對方計策的方法。只有不厭其煩的人，才能找到突破困境的關鍵，將談判帶往對自己有利的協議方向。

建議大家，對自己的老闆也要提問：「為什麼你是這家公司的老闆？你是怎麼當上老闆的？是因為你的能力，還是運氣好被提拔？」把一切事物都當作議論的標的，就是要這麼做。

猶太人對管理者就是這樣不忌諱提問，所以才會有「管理五個猶太人，比管理一百個美國人還難」這句俗語。**覺得有問題的事，即使是老闆或主管也照問不誤**，因為議論是解決問題、造就革新的必要手段。一味順從主管或公司的指示，無法產生在全球戰鬥所需的智慧。

第 2 課

找出
自己的論點

練習5. 聊蒼蠅

和朋友吃飯時，不知從哪裡飛來一隻蒼蠅，這時有人忽然想到有關蒼蠅的疑問，這個話題使氣氛迅速熱烈起來。

如果是你，會怎麼聊蒼蠅？請舉出三個你想得到的蒼蠅話題，任何話題都可以。

我有個朋友在美國大學的研究所任教，他告訴我觀察到的情況：

一群日本醫師來美國留學一年，在教授的指導下寫研究論文，但幾乎每位都會來和教授商討「該研究什麼主題才好」。

教授若回答：「這個要自己想。」他們就會拜託教授：「沒有想過，希望教授給我一個研究題目。」

能通過困難的國家考試、在日本被視為菁英的醫師如果是這樣，真的讓人完全笑不出來。

本書第一課提到，學習猶太式思考法的第一步是「什麼事都要辯」，也就是把所有事物當做議論對象。即使如此，還是有很多人「不知道要議論什麼」吧？**沒有論點就無法議論，找不到論點是最嚴重的問題**。

什麼話題都能展開議論

回到前面的問題，吃飯時看到蒼蠅飛過來，你會想聊什麼？也許有人一聽到蒼蠅就皺眉：「本來就對蒼蠅沒好感，我不覺得討論蒼蠅有什麼意義，而且吃飯時間提到蒼蠅不太好吧？」希望這些人能改變想法。本書提出的練習與說明，是能提高思考力的頭腦體操。希望大家時時記得，**要培養思考力，就要對任何事都抱持疑問、加以討論**。

我曾在某雜誌專欄看到有篇文章提到，有個猶太人看到停在餐桌上的蒼蠅飛起來，產生了疑問：「蒼蠅的飛行速度換算成飛機大約是多少？」

這個問題著眼於蒼蠅優秀的飛行能力。

吃飯時討論這種話題，對猶太人而言是稀鬆平常，但其他陪在一旁的科學家可能會感到為難。猶太人不像多數東方民族，會用前一天的運動比賽結果、連續劇或綜藝節目話題來炒熱氣氛，評論哪家餐廳好吃或難吃。聊這些事，他們反而會覺得很無聊。猶太人喜歡議論。因為他們知道，**議論最能讓頭腦動起來**。

回到蒼蠅的話題。蒼蠅從靜止狀態忽然飛起來，據說不用一秒的時間就能達到最高速度。這樣的速度若換算成飛機，相當於螺旋槳飛機（時速七百公里）。也就是說，蒼蠅不須螺旋槳飛機跑道的助跑就能飛起，立刻達到時速七百公里。

人造飛行機具的性能都還無法達到這種程度。即使是螺旋槳飛機，也需要能助跑加速的跑道。沒有跑道就能起飛的直升機，最高速度不過三百六十到四百公里，遠不及螺旋槳飛機。連直升機中飛行速度最快的魚鷹直升機（Osprey），最高時速低於五百五十公里。

有趣的是，從蒼蠅的話題連結到「該如何開發幾秒間就能達到，相當於螺旋槳飛機最高速度的飛行物體？」別小看這個話題的發展。

以「蒼蠅的飛行速度換算成飛機大約是多少」這個疑問為開端，透過思考蒼蠅的身體構造、飛行方法，便可能激發某位研究者的熱情，著手開發出擁有空前優秀的飛行機具。

平時培養「為什麼」問題意識

思考會朝什麼方向發展，可說是視論點而定。

有時和猶太人的小學生講話，他們會冒出這樣的疑問：「神為什麼要創造像蒼蠅這種麻煩又討人厭的東西呢？」這個小學生可能是覺得蒼蠅飛過來妨礙到他吧！但是他們不會只有這點感想，而是會仔細思考到這種程度：

「麻煩的東西為什麼要存在？」「神身為造物主，為什麼要創造對人類來說很麻煩的蒼蠅？」「用殺蟲劑把地球上的蒼蠅全殺光，神會生氣嗎？」「如果神生氣，會怎麼處罰我們？」當這些疑問產生時，議論的層次便發展到：占地球生態系統一部分的昆蟲具有什麼作用？蒼蠅（蛆）與處理屍體的角色有什麼關聯？為了殺蒼蠅而噴灑大量殺蟲劑，對人類有何影響？

雖是孩子，但仍然是愛好議論的猶太人。其他小學生會是什麼情況？很可能是：如果課程有要學習昆蟲知識，就把老師說的「昆蟲是節肢動物」背起來吧！在這種教育環境中，恐怕無法產生像猶太人小學生提出的疑問。不僅如此，這種環境也很難培育出想研究生態系統中，某個種類或昆蟲目中蒼蠅、蚊子存在意義的科學家。

「為什麼會這樣」「會這樣的理由是什麼」「真的有必要嗎」……**要有這些疑問、或說問題意識，才能夠鍛鍊思考**。**這些問題將成為論點**。論點是議論事物、深入思考不可或缺的條件。

論點明確，思考才深入

猶太人擅長找出論點，談話時主題和重點也很明確，甚至是開門見山、單刀直入，沒有為了進入正題的援引、閒聊、拐彎抹角。若以生魚片來比喻，就是沒有「配菜」，讓人覺得腦子裡只有論點的地步。

東方人則不擅長抓住論點。在猶太人眼裡可能會覺得「這些人講話慢吞吞的，不知道在做什麼」。我平時常接觸猶太人，自認透過跟猶太人激烈議論，得到相當多思考訓練，但我也曾被指出說話「焦點模糊、兜圈子」。

假若我在商量事情時，以「請您考慮一下」作結，若對方是東方人，就能體諒我「期盼答覆」的意圖，在適當的時機回覆。

不過若對方是猶太人，就不吃這一套。如果我沒有明確表示「要在什麼時間之前回覆」，他們很可能不會回覆我。說「請您考慮一下」頂多得到「到底要考慮什麼？不太了解你在說什麼」的回應。

猶太人如何快速掌握論點？

我認為，猶太人的論點主義受到兒童時期的教育與習慣的影響。

讀《希伯來聖經》度過每週六的安息日（Sabbath），是虔誠猶太人的習慣。把整本聖經分成五十四份，花一年讀完，事先決定當週閱讀聖經的哪個部分，該讀的地方稱為「Palasya」。Palasya 是世界共通的，全世界的猶太人都讀同一個地方。不只決定讀哪裡，論點也已經決定，就記在《猶太法典》中。

所有事都能議論的猶太人，會針對經典內容提出質疑，然後從檢索開始查閱聖經全文。猶太人相信《希伯來聖經》是神寫的、不會有錯，因此提出的問題也會透過檢索聖經來找答案。

現在用 Google 檢索很容易，但以前必須將聖經的每個段落用卡片分類，耗費幾萬張卡片檢索關鍵字。實際檢索之後，全世界的猶太人就會一起進行議論。

如果去猶太教堂，拉比（Rabbi，猶太合格教師的稱呼，是能夠講授教義的智者）會問：「這禮拜 Palasya 的論點是什麼？」和猶太友人一起吃飯，很快就會開始討論彼此對這禮拜 Palasya 論點的想法，或是在網頁、電子郵件上交換意見。事實上，猶太各宗教團體的公開網站，多有動畫形式的 Palasya 講義，掌握論點會變得更容易。

猶太人讀經時也在鍛鍊思考論點，培養議論的習慣，平時就能立即掌握論點，依據論點深入議論。不只大人如此，猶太人從一到十五歲就在宗教學校學習《希伯來聖經》的注釋論點文集，也就是《猶太法典》。他們讀《猶太法典》的方式，會不斷培養自己思考論點。

掌握論點也是商人必備的思考力。工作上，論點可說是「應該最優先解決的問題」。我們常無法預知工作中會發生什麼問題，過往或許只要聽主管的話把事情做完就可以，但現在要求的是自己發現問題並解決問題的能力。

猶太學生如何讀《希伯來聖經》？如何議論？在〈練習6：質疑「創世紀」〉將呈現給各位讀者。雖然猶太人通常是以希伯來語讀聖經，但於本書用英語來說明。

練習 6. 質疑「創世紀」[3]

1:1 At the first God made the heaven and the earth.
（起初，神創造天地。）

1:2 And the earth was waste and without form; and it was dark on the face of the deep: and the Spirit of God was moving on the face of the waters.
（地是空虛混沌，淵面黑暗。神的靈運行在水面上。）

1:3 And the God said, Let there be light: and there was light.
（神說，要有光，就有了光。）

1:4 And God, looking on the light, saw that it was good: and God made a division between the light and the dark.
（神看光是好的，就把光與暗分開了。）

1:5 Naming the light, Day, and the dark, Night. And there was evening and there was morning, the first day.
（神稱光為晝，稱暗為夜。有晚上，有早晨，這是頭一日。）

問題

- 1:1（第一章第一節）的「At the first」的意思是「起初」，是什麼的最初？或是什麼的開始？
- 有的版本英譯是「In the beginning」（太初），差別在哪？
- 你不覺得翻譯成「最初」才正確嗎？說說你的想法。

猶太人讀《希伯來聖經》的方法值得大書特書，因為讀聖經跟看小說不同，不是一口氣讀下去，而是從各式各樣的角度拋出問題，花時間一句一句慢讀，或是設定幾個論點來議論。

在猶太宗教學校寬廣的教室中，會讓兩百位學生齊聚一堂，兩人一組面對面坐著議論。一次議論會花非常長的時間，例如花一整天議論有關1:1的「At the first」也很常見。

學生A：「At the first不是這本書的開頭的意思嗎？」

學生B：「如果是這樣，為什麼一開始要特意把『這本書的開頭』這件事寫出來？有必要嗎？我認為At the first的意思是『所有事物的開頭』。也就是說，是神著手創造宇宙的開始。」

學生A：「如果是這樣，就變成『從無到有』的意思。有在這之前是『無』的證據嗎？」

學生B：「假如是所有事物的開頭，就變成宇宙只有一個了，這樣怪怪的。神是全知全能的，目前為止神應該創造出很多宇宙才對。」

學生B針對學生A的主張加以反駁，然後A再反駁B。面對反駁，必須用能讓對方信服的邏輯加以回應。

「At the first 是神著手創造宇宙的開始」的想法，議論發展的方向是：只有神才能從『無』創造出『有』。也就是說，所有的存在、價值體系都歸於神。

若是如此，從「無」創造出「有」又是什麼意思？相對的，若是用「In the beginning」（宇宙開始的時候）來描述，意思會變成：神不過是將本來就存在的宇宙換個樣子。

我們所生活的宇宙銀河系，一開始的狀態究竟是什麼樣子？是「無」嗎？或者是「有」，但被極高度凝固壓縮，形成好像是「無」的狀態？若是如此，所謂的宇宙大爆炸（Big Bang）又是什麼？為什麼宇宙會大爆炸？是誰、為了何種目的引起的？

「At the first」的討論，可達到宇宙論、天體物理學的深奧程度。我和拉比拜訪日本某著名大學的教養學系時，對學生拋出這個問題，結果現場鴉雀無聲。

---

3 本段為《希伯來聖經．創世紀》的開頭部分。

沉默代表不思考。因為目前為止從未想過「宇宙銀河系的起源」，所以就不思考嗎？不去思考從未想過的事，就不會產生創意。沉默是大忌。

與我無關的事也要思考嗎？

「一般人不是都沒想過宇宙起源嗎？」也許有人會這麼說。如果因為和自己的工作、日常無關就不感興趣，那真的無話可說。希望這些人好好思考：我們在地球上生活，地球是宇宙的一部分，沒有宇宙就不會有地球，也就沒有我們。宇宙的起源是什麼並非和我們無關。**世界上所有事都和我們有關，這也是要議論所有事物的原因**。

「At the first」只有三個字有必要花一整天討論嗎？許多人可能會覺得難以理解，為什麼猶太人要議論到那種程度，但對他們而言意義重大。

追究「At the first」關乎探詢人類存在的意義。因為《希伯來聖經．創世紀》的故事是在問：人類為什麼誕生在這世界上？要回答這個根本問題，就必須知道神最初為什麼創造事物。

也就是說，從各種角度議論「At the first」的意思，是為了接近自己誕生的意義，若只是掃視過「1:1 At the first God made the heaven and the earth.」字面上的意思，恐怕不會產生這些想法。因此，**找到論點，對深入思考非常重要**。

正確答案是自己想出來的

《希伯來聖經》中的故事該如何解釋，經過長年的議論，都已收錄在《猶太法典》中。有關「At the first 是什麼的最初」說法有十種之多，列舉好幾頁，甚至有些相關的論點分散在各章節，畢竟經年累月產生出那麼多的議論。

學生事先將《猶太法典》中的論點融會貫通，然後在教室裡展開議論。讀《猶太法典》只是預習，思考自己認定哪種意見，再以此為基礎形成自己的主張，在教室裡脣槍舌劍。

照抄《猶太法典》沒有意義，因為自己的想法是什麼、為什麼贊同這個意見，才是在過程中鍛鍊出思考力的重點。

《猶太法典》中，一個論點還可能會有好幾個意見。例如關於「At the first」的意義，還有「猶太歷史的最初」「地球誕生的最初」「神創造善惡倫理的最初」等意見，其中被認為最有公信力的，就是「神著手創造天地的最初」。

雖然**有最主流的說法，但是猶太人不會把它當作唯一的解釋**。例如有A、B、C、D四種意見，A被認為最可信，但猶太人絕不會統一採用A解釋。

這是因為**猶太人認為議論本身就很有價值。答案不是任何人給的，而是透過各種議論由自己掌握到**。若採納一種意見並認定「這就是正確答案」，就會阻礙議論發展，進入不思考的狀態。

事實上，猶太宗教學校進行一對一議論時，由於人數眾多，老師往往不會知道每個學生怎麼議論。但這也不會有什麼問題，因為議論沒有對錯之分，督促頭腦運作才是重點。

藉由議論深入理解事物，就能接近本質。

閱讀時練習批判一字一句

要訓練自己掌握論點的能力，就要一字一句仔細、批判的閱讀文章。就像猶太人在讀《希伯來聖經》，總是一邊問「這是什麼」「為什麼能這麼斷定」一邊讀下去。最好在一篇短文中至少拋出一個問題，這個疑問就會形成論點。

讓我們繼續來看〈創世紀〉。希望大家能一字一句批判性分析、深入閱讀，當作掌握論點的訓練。

1:2 And the earth was waste and without form; and it was dark on the face of the deep: and the Spirit of God was moving on the face of the waters.

（地是空虛混沌，淵面黑暗。神的靈運行在水面上。）

這一段可以想到什麼論點呢？可以討論的有「without form」（混沌）是指沒有形狀，還是沒有秩序（without order）？如果是的話，是指混亂（chaos）嗎？為何神創造出來的東西沒有形狀？沒有秩序就是混亂嗎？神創造混亂的東西，不是很奇怪嗎？神如何有秩序的創造出沒有秩序的東西？為什麼地最初沒有形狀？一開始「沒有形狀」是什麼意思，是「無」嗎？現代宇宙物理學最尖端的理論與《希伯來聖經》的描述可以整合嗎？

帶著批判閱讀「沒有形狀」這件事，就能找到上述論點。這部分在《猶太法典》中，目前已經有八個論點。

接下來是「the Spirit of God was moving on the face of the waters.」這裡突然出現「waters」（水域）。在最初，地應該沒有形狀，但有水，水的表面有神的靈在移動。這是什麼情況？這也是論點之一。

1:3 And the God said, Let there be light: and there was light.

（神說，要有光，就有了光。）

這一段能讓人想到什麼問題點？最常被討論的是：「為什麼神這時候必須出聲說話？」因為用的是「said」（說）這個字，所以是神出聲說話沒錯。神應該是全知全能，即使不說一句話也能讓世界照自己的想法運作，為什麼還要特意開口說話？

為什麼神不揮手、呵氣、吆喝「欸」或「呀」，而要說「Let there be light」（要有光）這麼長一段話？

創造天地的最初為什麼需要語言？這裡說的「語言」是什麼？宇宙的創造是物理自然的現象？還是有某種意志在運作？是語言嗎？如果是的話，「要有光」是宇宙被創造的目的嗎？「要有光」又是什麼意思？

也有人認為：「神最初給人類的啟示，就是神只賦予人類語言，所以開口發言相當重要。」於是，就會有別的學生拋出問題：「創造天地的時候，為什麼語言會這麼重要？」如此，又花了整整一天討論語言的重要性。**連神在創造天地之初都需要語言，更何況人立足於社會**。經此討論，猶太人便了解了語言對宇宙起源的重要。

沉默無法拉近幸福

因此，猶太人對「語言」具有某些想法。請回想一下第一課〈練習3：該歸功於誰？〉中，取獅子奶的年輕人，雙手、雙腳、眼睛、嘴巴爭主導權的故事。那個故事告訴我們，嘴是災禍的根源，也是唯一能說服對方的器官。語言就是區別人類和其他生物最重要的東西。此外，猶太人認為，因為神也說話，所以人類可用語言和神交談。

如果人類和神說話是祈禱，那麼人類彼此說的話又是什麼？是命令、懇求還是感動？連神都會為了創造宇宙而說出那麼長一段話，我們人類想要改變他人，也不能認定不必多說便訴諸武力，而必須訴諸語言才對。

前文提過，有句猶太格言：「舌尖上有幸福。」沈默會讓幸福溜走。因此，猶太人經常發言提出主張，就是千方百計想用語言拉近幸福。

〈創世紀〉1:3中還有一個重要的論點。仔細閱讀1:3到1:5，看看有沒有什麼發現？

1:3 And the God said, Let there be light: and there was light.
1:4 And God, looking on the light, saw that it was good: and God made a division between the light and the dark,
1:5 Naming the light, Day, and the dark, Night. And there was evening and there was morning, the first day.

（神說，要有光，就有了光。神看光是好的，就把光與暗分開了。神稱光為晝，稱暗為夜。有晚上，有早晨，這是頭一日。）

請試著比較看看1:3和1:5。在1:3，神說「Let there be light」（要有光），但1:5寫「And there was evening and there was morning」（有晚上，有早晨），可見先有夜晚才有早晨。

若一句句仔細讀，應該會覺得很奇怪：如果「Let there be light」是神說的，那寫

「And there was morning and there was evening」（早晨比夜晚先來到）應該也可以才對。這個問題也是論點。

為什麼神是說「Let there be light」（要有光）而不是「Let there be darkness」（要有暗）？為什麼神最初創造的是有光的世界，而不是黑暗的世界？神想要創造的有光的世界到底是什麼？這些都是論點[4]。猶太人就是這樣帶著批判與思辨，一邊議論，一邊一句句精讀《希伯來聖經》。

這裡介紹的論點只有一小部分，大家應該也有其他的論點吧？**找到自己的論點，具有獨立思考能力很重要**。在日常生活中，看書、接觸新聞資訊時，不要原封不動接受眼前的東西，而要以批判的態度閱讀一字一句，這樣也能鍛鍊自己抓住應該思考的論點。

猶太人認為：「**新聞是人寫的東西，不過是執筆者的想法**，不是神的真理。」或許大家也能參考這個觀點。

---

4 這部分議論詳見〈練習19：光與暗的世界〉。

練習7. 是誰的錯？

有一位用功的學生偶然路過一幢沒上鎖的房子，由於門開了一條縫，他不知不覺起了盜心行竊。之後他被警察逮捕、送審，辯解自己是「無意間一時衝動」，但法庭不接受，判他有罪，大學也以退學處分。

後來他找不到工作，只好自暴自棄，又去偷東西。因為是再犯，所以刑期加長，最後他就在不斷出獄、入獄之中過完一生。因為他的犯罪，許多人東西被偷而蒙受損失。

問題

- **到底是誰的錯？請舉出證據。**
- **請以神的倫理，而非法律的觀點試論之。**

這是我在學習猶太教時，拉比亨利．諾亞（Henri Noach）先生提出的問題。

以常識思考，錯的是學生本人；法律上「沒上鎖的人」是受害者、沒犯任何罪。不過，諾亞老師問我：「如果是神會怎麼想呢？」對猶太人而言，「神」是超越人類理解的存在。一般而言，人類很難理解神的想法。

不過，藉著想像神的存在，「說不定神會這麼想」或「這件事可能有不同的一面」，就會產生其他觀點。

以神的觀點來思考這個問題，也有一種看法是「沒上鎖的人」才是一切開端。忘了上鎖不只打亂一個學生的人生，之後還產生好幾個被害者。這不是搞到後來警察介入，上法庭、牢獄之災等，花費許多社會成本的根源嗎？

「產生犯罪的主因會不會在別的地方？」這麼想就不會只責備犯罪者，而會積極討論如何防止再犯。

一件事有各種面向。雖看到「善」，但從別的面向來看，或許也帶來了「惡」的一面；覺得或許會得到幸福時，卻可能是不幸的開始；有時危機卻是轉機。

只從某一面向看不到，為了看到其他面向而產生的觀點，就是神的觀點。

或許你可以這樣想：如果神在人類之上，那神的觀點應該會跳脫人類社會的常識或輿論。也就是說，神的觀點是指，以超越自己的思考習慣、常識、輿論等障礙物的方式，從「別的次元」來思考。

擁有神的觀點，就能脫離自己易掉入單一思考模式的陷阱，從別的角度掌握事物。

從多種觀點聚焦一個主題

掌握論點的第一步，就是要以批判態度看待所有事，然後深思熟慮。只是，在偏離主題與重點時，再怎麼議論都無法深入思考，也不能找到有效益的解決策略。離題的議論會把焦點從事物本身移開，也可能使思考停滯。

論點應該要聚焦在主題上，不要只有一個面向，而要從不同的角度掌握事物，用多種觀點思考。這是思考論點時不可或缺的。

例如，有兩位學生一起去沙漠，謹慎的一位帶了水壺以防萬一。另一位則想，反正目的地不遠所以不用帶水壺。但他們迷路了，沒有水喝就會因為脫水而致命，但水壺的水僅足夠救一個人。

這時可以把水分給另一個人嗎？如果拒絕把水分給他，是否違反神的倫理？是否違反人類制定的法律？

結果，帶水壺的學生因為沒有分享水而得以獲救。媒體報導塑造了這位學生是壞人的形象。有的報紙甚至寫：即使知道分享水兩個人都會死、仍願意分享的才叫人類。不分享水的學生應以殺人罪起訴。

要盲目聽信媒體報導，片面斷定那名學生的邪惡很簡單。但從神的觀點（別的次元）來看這件事，就會有其他論點浮現。在《猶太法典》中，會如何討論這個案例呢？不同於媒體只有一種聲音，猶太人的議論中會有這種說法：「水是謹慎學生的東西，沒必要分給別人。如果救不了兩個人，神會救小心謹慎的那個。」

> 《希伯來聖經》中確實有個例子是神只救謹慎的人。
>
> 當所多瑪城（Sodom）被神燒毀[5]，城裡所有人都被燒死之時，天使對獲准逃出的羅

5 描述上帝認為所多瑪與蛾摩拉（Gomorrah）兩座城充斥著罪人，要放火將城鎮燒毀，只允許先知亞伯拉罕將忠直者救出。

得一家人轉達神的旨意：「絕對不可以回頭看。」要他們謹慎行動。但羅得的妻子不小心回頭看了城市被燒毀的場面，隨即化為一根鹽柱，當場死去。

猶太人為什麼喜歡謹慎的人？神的意圖是什麼？大家可以想想自己的意見。

第3課

跳脫思考的框架

練習8. 教材的順序

假設你是小學的國語老師。

有個五年級學生指著課本的目錄，問道：「為什麼一定要照這個順序？」你會怎麼回答呢？

學校的課程一般都是依照課本目錄的順序進行，不過小時候大家應該都有這樣的疑惑吧？

教科書中寫的知識、老師說的話都對……大部分的人都是這樣被教育大，即使覺得怪怪的，也不會懷疑課本的順序，而會依老師的指示打開課本，把黑板上的字抄在筆記本上。

但如果是什麼事都要辯的猶太小孩，也許會蹦出這個問題：「順序為什麼是這樣？」如果是你，會怎麼回答呢？

a. 說：「照順序進行理所當然啊！」不把問題當一回事。

b. 說：「你亂說話讓老師很困擾，這樣課不是上不下去了嗎？」要他注意態度，不要擾亂團體秩序。

c. 說：「你覺得什麼樣的順序比較好？」問問孩子的想法。

對問題的反應大約可分成兩種：一種是「照規定的順序進行理所當然，小孩子任性的發言沒辦法每句都聽」搪塞問題；另一種是「小孩子講的話也有一番道理，改變順序說不定也很有趣」，積極看待問題。

選擇哪一項，就可以知道你的思考有多大彈性。課本的目錄一定要按順序進行嗎？一般而言，目錄的順序安排確實有考量兒童的學習能力，照著進行是一種選擇。

不過，教室裡有很多種兒童，也有很多種老師，絕對不會完全一樣。照理說，應該要考慮適合眼前兒童的順序來教學才對，但每年沿用下來，就會覺得理所當然，而且也因為習慣，課程總是能夠順利進行。於是，自然而然就會覺得應該要按順序教。這其中就存在不思考的陷阱。

複製成功、沿用前例可能是不思考

我們會在不知不覺中為思考加上框框，也就是拘泥、執著於某種想法，要彈性思考就更難。認定「這個就是這麼一回事」「上課就是要依課本的目錄進行」就是如此。

試想日常生活中的對話，如果你常說「一直以來都是這樣」「怎麼可能有這種想法」，最好要注意，你的腦子可能不知變通。尤其脫口便說出「一直以來都是這樣」的人，很可能根本沒在思考。

此外，前例、慣例、成功事例、經驗法則等，都會限制思考。

在早期，工作上沿用前例與經驗法則或許是好事，但現在如果沒有因應環境變化改變自己，就會被淘汰。甚至許多企業拿手的「改善」，也不足以在急劇變化的環境中生存。追求「讓好東西更便宜」的改善，只是在相同框架、既定路線上提高性能和精密度而已。只要有技術能力，任何公司都能模仿，很容易就會變成毫無幫助的消耗戰。

在成熟市場（Mature Market，指低成長率、高市占率的市場）做跟以前一樣的事，只會捲入價格競爭而疲乏。這時必須涉足沒有前例的領域，自己創造新市場。為此，不僅是過去的成功經驗，有時甚至連自己的強項、獨特性都必須否定。這方面可以舉英特爾元老安迪．葛洛夫的例子。

英特爾捨棄功績的思考決斷

英特爾創立之初，是以製造動態隨機存取記憶體（DRAM）等的記憶晶片為主力產品。不久，東芝（Toshiba）、日立（Hitachi）、日本電氣（NEC）等陸續加入，製造商之間競爭日益激烈，英特爾記憶體的業績也漸漸惡化。

面臨如何讓自己的企業生存下去，以及從和日本企業競爭中摸索生存之道的難關，英特爾起初想藉改良產品品質、增加研發投資度過難關，但日本企業如影隨形，始終找不到有效方法。

最後，英特爾只好退出當時堪稱最具代表性的晶片事業，投入相當於電腦的頭腦中樞的中央處理器（CPU），並且將此新領域視為重點事業。

從晶片事業撤退，對猶太人安迪．葛洛夫而言也不容易，其著作《10倍速時代》（*Only the paranoid survive*，大塊出版）描述了他決定的瞬間：

葛洛夫問英特爾董事長兼CEO高登．摩爾（Gordon E. Moore）這個問題：「如果董事會把我們趕出去，從外面帶進新的CEO，你認為這個CEO首先會做什麼？」

高登回答：「退出晶片事業。」葛洛夫聽了便說：「從這個房間走出去再回到這裡，不正是我們自己想做的事情嗎？」

捨棄過去的成績、從零開始走向未來需要勇氣。做得到這點，英特爾才能一躍成為世界霸主。「從房間走出去再回來」或許是讓我們從思考的框架中解放，再度獲得靈活、自由思考的必要儀式。

《希伯來聖經》中，摩西帶領六十萬名猶太人奴隸逃出埃及的故事叫做「出埃及記」（Exodus，有「出走」之意）。實際上，這對我們猶太人而言，是從思考框架、慣例、不思考狀態（在埃及的奴隸狀態）中解放自己（出埃及記＝Exodus），進而獲得自由不羈、靈活的思想，以及靈魂的解放，達成精神自由的故事。

「埃及」與其說是地名，不如說是僵化的思考、未解放的靈魂、因循守舊、不接受挑戰的膽怯等。

練習9. 該不該慶祝節日？

逾越節是以色列民族慶祝從奴隸狀態解放的宗教活動。逃出之時，他們只穿著身上的衣服，沒辦法把酵母菌帶出來。為了不忘困苦時期，直到今日，他們仍有在逾越節吃無酵餅（沒有酵母菌的餅）的習俗。

不僅如此，猶太家庭為迎接逾越節，還必須把家中所有的酵母菌清除乾淨，包含附著酵母菌的殘渣、麵包屑、穀物等，一點碎屑也不能掉到地上。食器、烹飪器具也必須全放進煮開熱水的大鍋子，以消滅酵母菌。

經過徹底大掃除之後，總算能歡度逾越節。逾越節前一天，有位父親問女兒：「有隻老鼠叼著一小片麵包，從客廳的洞跑進來，一個沒留神，又從另一個洞跑出去了。這樣明天可以歡度逾越節嗎？」

問題

女兒該如何回答父親的問題呢？

家中每個角落都清掃完畢的那天晚上，有隻老鼠叼著一小片麵包越過客廳，接著消失蹤影。不知道為什麼老鼠會叼著麵包屑，也許是打掃不夠完整，但無論如何，只要家中有一丁點麵包屑，就沒辦法慶祝逾越節。

雖然如此，已經沒有時間再清掃一次。女兒主張：「因為叼著麵包的老鼠從洞裡跑出去了，所以麵包應該不在家裡，明天可以迎接逾越節。」

而父親硬要出題刁難：「妳怎麼知道從洞裡跑出去的老鼠，和跑進家裡的老鼠是同一隻？如果跑進來的是黑老鼠，跑出去的是白老鼠怎麼辦？黑老鼠叼的麵包也許還留在家裡某個地方。」

從洞穴進來的老鼠和從洞穴出去的老鼠若是同一隻，女兒的主張就是正確的，明天就可照計畫歡度逾越節；但如果進來的老鼠和出去的老鼠不是同一隻呢？對父親冷不防提出的新前提，女兒必須說服父親可以過慶祝越節。

女兒該如何反駁才好？以下是其中一種可能。女兒：「已經清掃過一遍，所以家裡根本就沒有麵包。這樣的話，白老鼠叼走的麵包只可能是黑老鼠叼來的。也就是說，家裡沒有麵包了，可以慶祝逾越節！」

父親又問：「黑老鼠可能把麵包交給白老鼠嗎？白老鼠和黑老鼠感情有這麼好嗎？」

女兒漂亮反駁：「都是老鼠感情當然很好，也可能互相分享食物。你看獅子不是會把殺死的獵物分給大家嗎？」

父親又改變前提：「那麼，如果是兩種不同的動物呢？進來的是老鼠，出去的是黃鼠狼呢？」也就是說，如果是不同種類的動物，會將食物交給另一個嗎？這裡的前提從兩隻都是老鼠改為不同動物。

看到這裡，或許已經有讀者開始頭痛了。原本這個故事是有老鼠從洞穴進到家裡，又有老鼠從另一個洞出去。可是父親又帶出黃鼠狼，改變前提。

女兒：「黃鼠狼把老鼠咬的麵包搶走了，家裡沒有別的食物了。」

父親：「假如進來的是黃鼠狼，出去的是老鼠呢？老鼠可能搶走黃鼠狼的麵包嗎？」

女兒：「老鼠和黃鼠狼的感情很好，會互相分享食物，所以老鼠拿走黃鼠狼叼來的麵包，從洞裡跑出去了。現在家裡沒有麵包，可以平安過逾越節喔！」

《猶太法典》的議論到此為止，你可以將議論進行到何種程度呢？**無論前提如何改變，都不能沉默**。如果換了前提就討論不下去，就證明進入不思考的狀態。《猶太法典》

中的議論，有些前提甚至改了七次。

拚命動腦不放棄，可以鍛鍊思考的彈性。上面進行的議論，除了鍛鍊頭腦靈活思考外，還有一個目的，就是教導兒童動物學，讓兒童透過議論思考不同種類動物間分享食物的可能。

事實上，確實有動物學者觀察到，獅子和狒狒間互相分享食物的情況。同色老鼠也許是親子，可以當做同類，所以可能會分享食物，那不同團體的黑老鼠和白老鼠會怎麼樣？若在老鼠跟黃鼠狼之間又會如何？猶太家庭會在餐桌上進行這類議論。想想我們自己的學校、家庭呢？

為何猶太人習慣先說「不」？

猶太人有句格言：**任何情況下都可以說「不」**（No）。如果先說「不」，不管經過幾天，都可以改成「好」（Yes）沒問題，但如果先說「好」後再改成「不」，對方可能就會生氣。

猶太人是故意作對、無論如何都想說「不」的民族。因為說「不」的時候，他們必須發表自己的主張，確實說明「因為……」提出對方能接受的理由。若是說「好」，就要馬上實行。

在歐美，「不」「因為……」的思考訓練從小就開始了。若小孩子說「我想吃零食」，母親一開始會說「不行」然後問小孩：「為什麼想吃？」小孩子會馬上說「因為……」說出想吃的理由。如果沒有能讓母親同意的理由，就沒零食得吃，所以小孩子會絞盡腦汁來思考。

在東方國家，許多人會避免說「不」，覺得若以「不」發言回應，就好像是在否定對方一樣。然而即便沒有說「不」，東方人也不會明確說「好」。雙方都是在看現場氣氛揣測狀況，因為大家總覺得以默契來決定事物比較好。

這樣別說要彈性思考，連用自己的腦子思考都沒有。先從說「不」開始試試看吧！

建議大家，對世間一般常識、慣例、過去的成功經驗、業界長年持續的習慣等一切事物，都試著說「不」。這個**「不」不是為了否定對方，而是為了增加說「因為……」的機會**。這是藉由否定既定路線、不甘於現狀、為了產生新點子、新構想而說的「不」。

早上決定的事到晚上就改變，叫做「朝令夕改」，有「命令頻繁更改、不固定、靠不住」的負面意味，但有方向、有根據的朝令夕改稱為「隨機應變」，畢竟晚上的情況變了，當然要換個手段。頑固堅持用同一手段相當危險。

如果主管喜歡朝令夕改，不要因為「說過的話沒事變來變去，很難做事」而生氣，把它視為鍛鍊彈性思考的機會，會讓你提升許多。經常因時制宜改變命令，對於避免思考僵化相當有幫助。

練習 10. 摩西渡海

埃及法老（即古埃及君王）親眼目睹十災，十分恐懼，准許放了以色列人。以色列眾人在摩西的帶領下離開埃及。然而，法老一轉眼就推翻決定，派軍隊追擊他們。以色列人抵達紅海沿岸時已無路可走，但眼見埃及兵就要追來了。

被追逼之時，奇蹟出現了。摩西向神祈禱，紅海就分成兩半。以色列人渡過紅海後，紅海便開始復原，埃及軍剛好在那時開始渡海，就被海水吞噬了。

問題

你相信《希伯來聖經》中描寫的奇蹟嗎？請說明你的理由。

《希伯來聖經》中有許多只能用「超常現象」（anomalous phenomenon，指與科學和常識相互矛盾的現象，又稱靈異現象）解釋的故事。

大家應該聽過「諾亞方舟」（Noah's Ark）的故事吧！因為神的憤怒，地上起了大洪水，只有諾亞一家受到神的啟示，乘坐砍伐森林樹木製造而成的巨大方舟，得以保住性命。除此之外，其他人類都溺死了。

你相信這個故事嗎？還是只當作是虛構的、一笑置之？猶太人認為《希伯來聖經》中所寫的故事都確實發生過。他們認為，奇蹟中必有神的存在。有些事雖然看似偶然，但其實全是必然的安排。猶太人相信，人類社會發生的所有事，每一件都有神的介入。海分開或許是常識無法想像的事。不過，現實中真的發生過類似的事件。

百帕（hectopascal，一百帕斯卡）是衡量氣壓的單位。通常在氣壓一千一百百帕的地方，若同時受到九百五十百帕的颱風侵襲，潮位就會上升一．五公尺。此外，颱風也會將潮位推高一公尺，使潮位總計上升二．五公尺。此時若恰逢滿潮，潮位則會上升四到五公尺，要是再加上因地震引起的海嘯，潮位被推升十、二十公尺也很容易，這足以將曼哈頓區完全淹沒。

二〇一二年，強大颶風侵襲美國，因滿潮的影響，紐約曼哈頓區南部被水淹沒，災情慘重。當時，曼哈頓區南部的水位最高上升到四．二公尺，過去則曾有受颶風侵襲而上升到十一．八公尺的紀錄。當曼哈頓的水位上升超過十公尺，就表示世界上某個地方的水位下降至少十公尺。這跟紅海分開的現象完全相同，簡言之就是海水高度產生極端變化。

水位要下降多少，人才可能渡過紅海？假如降三十公尺紅海就會「分開」，那麼只要世界上某處的水位上升三十公尺就可以了，因此可能發生。

事實上，大海嘯即將侵襲陸地之前，也會發生潮位降得非常低的巨大退潮現象，導致海底露出。猶太人當時便可能遇到這種情況，得以越過海到達對岸，然後海嘯回頭了，便將渡海的埃及兵吞噬。因此，摩西渡海的故事有可能是存在的事實。

預設「不可能」為真實發生過

《希伯來聖經》中還有這樣的故事。

神在亞伯拉罕面前顯現，告訴他：「明年這時候，你的妻子撒拉（Sara）必生下一個兒子。」當時亞伯拉罕已經九十九歲，撒拉八十九歲。

撒拉在帳棚裡聽見，心裡暗笑：「我既已衰敗，丈夫也老邁，豈能有這喜事？」不過，如神所說，撒拉懷孕，隔年生了一個男孩子，取名以撒（Isaac）。

一百歲的亞伯拉罕和九十歲的撒拉生了一個孩子。這個猶太人也相信。猶太人認為因為神的介入，撒拉的卵子回春了。現代的科學無法說明卵子如何才能回春，但這不構成否定撒拉生育的理由。總之奇蹟發生了。

此外，猶太人還有相信奇蹟的理由。撒拉生了以撒，以撒生的兒子是雅各（Jacob），雅各後來得到神賜新名「以色列」，成為猶太人的祖先。也就是說，撒拉生產的故事橫跨四千年，和現代猶太人產生連結。

現代猶太人不會否定聖經中「不可信的虛構故事」，反而相信都是真實發生過，認為故事可以延伸到自己的存在。愛講道理的猶太人會把諾亞方舟、撒拉生育、摩西渡海等奇蹟故事，當作昨天才發生的真實事件一樣，思考「如果海真的分開，是因為什麼樣的必然性才會發生？」他們想了解神如何介入這些事件。

這是許多人受限於常識貧瘠，完全跟不上的思考力。連聖經中的離奇故事都當作議論對象，這種習慣培養猶太人自由靈活的思考力。對猶太人來說，幾乎沒有什麼事「不可思議」，因為他們熟讀《希伯來聖經》，裡面不可思議的事多不勝數。

即使是大海嘯侵襲，如果有猶太人感到不可思議，聽到的人就會說：「你沒看過《希伯來聖經》嗎？這樣還是猶太人嗎？」

設想：如何才能發生？

無論是摩西渡海或撒拉九十歲生子的故事，在認為「不可能有這種事」的瞬間，就進入不思考狀態了。沒有人知道是否真有此事，但想「或許是可能的」，就能積極進展到創造性思考：如何才可能發生？

以「諾亞方舟」為例，試著思考看看。為防大洪水侵襲，諾亞一家製造了恐怕比大和號戰艦[6]還大的巨船。為什麼神讓諾亞一家製造巨船？因為要讓所有成對的動物都能搭乘。上船保存性命的人類只有諾亞一家五口，還有各種動物。

6 譯注：二次大戰時期大日本帝國海軍建造的戰艦，為史上最大戰艦，在戰艦史上擁有最大排水量。

讓動物搭乘，是因為動物優先於人類。神創造天地之後就是創造動物，然後才是人類。動物優先於人類是《希伯來聖經》中寫的。

相信這個故事的現代人在想什麼？你有什麼想法？NASA的火星移民計畫（Mars Colonization）和諾亞方舟的構想不是很像嗎？地球總有一天會毀滅，到時候為了人類存續，誰會被送往火星？可能是從優秀的學者中選出數十名男女，還有動物和植物，這相當於諾亞方舟的故事重現。

雖然這些不過是推測，但每天議論聖經中「超常現象」的猶太人，對於思考這種事一點也不奇怪。如果無法進行這種規模的發想，要在世界舞臺上競爭實在是難上加難。

第 4 課

不被情感左右

練習 11. 捨命救人

有位青年為了救一名從車站月臺上掉下去的人，因此跳下軌道，卻被開進來的電車撞上，自己丟了性命。國家表揚青年有勇氣的行動。

問題

你認為國家表揚捨己救人的青年，是對的嗎？

十多年前，有兩名男性為了救從月臺上掉下去的人而死亡。其中一位是韓國青年，他在異國日本「有勇氣的行動」被視為美談，日韓兩國媒體大肆報導。兩位的遺族亦獲得總理大臣頒贈感謝狀。

幾年前，又有一位女性為幫助陷入軌道的老翁而被電車撞死，也獲得總理大臣頒發感謝狀與獎章。

國家表揚為救人而喪失性命的人，是正確的嗎？這是我在研討會上提出的第一個問題。

在日本，應該沒多少人敢提出這種問題吧？

一般人大都會感動捨己救人的英勇行為，同情他們喪失性命，社會上稱讚的聲音也是一面倒，在這種氣氛影響之下，如果質疑國家表揚或表示不同意見，很可能會被指責：「把這種事視為問題才奇怪」或「你是在侮辱為了救人而犧牲自己的人嗎？」

當然，不顧自身安危救人很難能可貴，但「不要命的幫助他人」，與「國家、社會嘉許該行為」是不同的問題，應該分開考慮。

意見一面倒，也要冷靜思考

為「有勇氣的行動」感動之餘，若無法冷靜議論，會形成非常危險的僵化氣氛。這個質疑並不是在問「助人行為的對錯」，而是在問「國家表揚這種行為的對錯」。也就是說，讚美捨命助人的社會健全嗎？重點在於社會應有的狀態。

我個人認為不應過度稱讚這種行為。如果你遇到同樣場面，最好冷靜思考。車站月臺上，有個人不小心掉下月臺，他旁邊只有你一個人，而電車即將進站，若進入軌道一定會有生命危險。在這樣的情況下，你會為了救他而跳下去嗎？

讚美捨己救人、認為應該跳下去的是怎麼樣的社會？如果你不幫他，或許就會被攻擊為「假裝沒看見別人掉下去，無情、自私自利的人」。在現代，每個人的行動都會被監視器錄下來，逃不過社會的眼睛。任何人都可能用手機把你沒伸出援手的景象錄影、散布出來。你可能會在網路上被指責為殺人凶手。

議論，形成你的價值觀

小心媒體輿論的情感煽動。在前面〈練習7：是誰的錯？〉中，就有談到《猶太法典》記載的類似議論：

在廣大的沙漠中，一名帶了水壺的青年，究竟該不該把有限的水分給沒水的另一個人？如果分給別人，青年也許沒辦法活著到下一個城鎮，但不分給他，對方就有生命危險。要對眼前求助的人見死不救，還是要不管自己的生命安全也要救人呢？

猶太人會先這麼想：「神為什麼讓我誕生在世界上？」是為了在沙漠中幫助別人嗎？不，並不是。我們每個人都有神賦予的任務，在執行任務的途中，每個人的生命都不該隨便被奪走。因此猶太人認為：稱頌捨己救人的社會，不是神期望的。

這裡沒有「見死不救的話，對方很可憐」這種感情用事的論調介入的餘地。猶太教中，什麼是正義、什麼是價值都寫在《希伯來聖經》，在《猶太法典》裡也都討論過。這些教誨對猶太人而言是絕對的，是人生的指引方針。

然而，許多人並沒有以宗教為依據的「絕對尺度」，所以才讓正義、價值標準受媒體報導、社會輿論影響。

為了不輕易受媒體影響而隨波逐流，我們**必須自己從各種角度思考**、**有自己的尺度**，**冷靜掌握事物**，不能受到感動等情感的影響就輕易停止思考。

要做到這點，第一步就是「勇敢議論所有事」，連可能與社會大眾意見對立的敏感問題也不例外。確保自己能冷靜議論容易情緒化的問題，比什麼都重要。猶太人認為，神制定的絕對倫理，與人類社會、媒體組織製造的感情論調，確實是兩種不同的東西。

練習 12. 母鳥與小鳥

《希伯來聖經》中有如下教誨：「走在路上若看見鳥巢，母鳥在小鳥身旁時，不可奪走小鳥。」（但母鳥飛走後就可以。）

問題

如果在海裡看見鳥巢，即使母鳥在巢裡也可以奪走小鳥嗎？

「如果鳥巢在海裡」這個問題，是《猶太法典》中異想天開的議論。

或許你會覺得「海裡不會有鳥巢，這偏離常識」，但用道理來對付難題或這種怪問題很重要。大家可以當作頭腦體操，以理性原則來思考。

在猶太學校，老師會把上述問題拋給學生，學生以各種理由議論。

「如果在海裡，可以在母鳥面前把小鳥奪走嗎？」直接的回答會是：「《希伯來聖經》禁止的是走在陸地道路上的時候。海中沒有道路，所以可以奪走。」

不過，在母鳥面前奪走小鳥，會

讓人覺得很可憐，而導向「不可以奪走小鳥」的結論。然而學生不能用「可憐」之類的情感因素來說服人，因為每個人的感覺不同，無法成為有說服力的理由。因此，學生需要費盡腦力，思考如何以道理讓對方無法反駁，最終必須接受。

依據「在路上不可在母鳥面前奪走小鳥」的原則來議論，「路」的定義可以如何推廣到海呢？打敗難題的關鍵就在這裡。路只能是陸地上的路嗎？海上就沒有路了嗎？

如果能拿出海裡也有「路」的根據，就可以提出對方毫無反駁餘地的答案。例如，有猶太學生回答：「海中也有路。我們猶太人在紅海開的路到現在都還在，所以不可以奪走小鳥。」此指摩西率領猶太人逃出埃及渡海的那條路。

猶太人喜歡從《希伯來聖經》中引用根據。「猶太人在紅海開的路現在還在」是事實，可以作為「海中也有路」的根據。

為防感情介入，要提出根據

老師接著問：「如果鳥巢在人的頭上呢？母鳥在巢裡時可以奪走小鳥嗎？」有一位猶太人回答：「人的頭上若附著了塵土，也就成了道路。就像大衛王優秀的副官，為了傳達戰情奮力跑上大衛王所在的山上，因為太急，帽子上沾的塵土足以造路。所以不可以奪走小鳥。」

這也是引用《希伯來聖經》。對猶太人而言，《希伯來聖經》中描述的一切都是可以放心引用的證據。因此，若以《希伯來聖經》的段落為例，誰都反駁不了。這是猶太人不可不學習《希伯來聖經》的原因。

但對其他民族來說，很少人熟悉《希伯來聖經》，要以聖經段落為例來反駁別人相當困難。否則若是有根據、合邏輯的答案，即使有些強詞奪理也沒關係。

如果今天問題改成：「鳥巢不在路上，也不在海裡，而是浮在空中。這種情況下，母鳥在時可以奪走小鳥嗎？」這時可能會想到這些答案：「天空是鷹的道路」「空中有飛機的航道」。

同理，換作是在海中、人的頭上時，路在哪裡？根據是什麼？為了幫助小鳥，試著想想該用什麼理由才能說服對方？這就是問題的核心。

要抽離情感進行合理的說明，推導出「有什麼根據」很有效。面對由於社會對立而容易陷入情緒之爭的主題，一邊拿出根據一邊議論，是很好的思考訓練。主題隨便找都有。

舉例來說，如果我國有四名旅客在國外被恐怖分子綁架，為了救出四人，必須出動一千人的部隊。作為領導人，這是正確的決定嗎？

這裡可以把出動救援部隊分成「正確的」和「錯誤的」兩組來議論。若沒有一起議論的同伴，在確定立場後，試著組織自己的主張就可以了。無論採取哪種立場，重點是不要感情用事，請拿出根據。

在爭議中定奪的領導力

在美國的高中，上課時會討論這類問題：「第二次世界大戰中，美國在廣島投下原子彈是對的嗎？」然後學生會依據對投擲原子彈的立場分為兩組，一組認為是「正確」的，另一組認為是「大屠殺」，雙方拿出各自主張的根據展開辯論。

尤其是培養菁英的寄宿學校（學生全部採寄宿制的學校），特別會進行這類課程：**以容易陷入情緒化、無法簡單得到答案的主題進行議論，藉此培養領導者**。成為領導者，就是會被要求決定「是否使用原爆這種大量殺戮的兵器」。因此，議論這種爭議性的主題，是成為領導者的必經過程。

此外，哈佛大學有世界知名的辯論協會、英國牛津大學辯論社（Oxford Union）也會定期舉行這類辯論大會。「神真的存在嗎？」是非常著名的招牌辯論，近年舉行的辯論則是「伊斯蘭教是和平的宗教嗎？」也備受矚目。

企業經營者也是一樣。許多公司因為現在還有企業體力（指企業組織活動所需的能力，如資金、收益、安定性與成長可能性），所以仍然維持終身僱用制，但萬一經營環境改變，可能必須大量解僱員工。

在艱困的環境中，企業該為了生存而大量解僱員工，還是要為了道德而遵守終身僱用制？如果你是經營者，會如何判斷？這類辯論應該在商學院舉行。如果只討論如何改善現場效率、提高業績，無法培養出真正有領導能力的經營者。

練習13. 狐狸與葡萄田

某天，狐狸恰巧路過葡萄田，見到看起來非常好吃的葡萄垂下來，就想進田裡拿來吃。不過，葡萄田被密實的柵欄圍起來，狐狸太胖，沒辦法從柵欄的間隙進去。

於是狐狸想：「好，我先暫時不捕野兔，餓幾天肚子，瘦下來後一定能通過柵欄的空隙。」

狐狸停止狩獵，待在窩裡好幾天不出來，一動也不動的忍受飢餓。好不容易瘦到約略可通過柵欄，牠搖搖晃晃走出巢穴，穿過葡萄田的柵欄，終於吃到一心盼望的葡萄。

由於葡萄太好吃了，狐狸吃個不停，竟把葡萄全吃光。

更糟的是，牠發現自己的肚子被撐得鼓了起來，沒辦法穿過柵欄出去，回不了自己的巢穴了。牠想到兩個方法：

A. 把吃下去的葡萄全吐出來，讓胃恢復原樣。

B. 藏身在葡萄樹之間，等到變得跟進來時一樣瘦再出去。

問題

狐狸會選擇哪種方法？

這是猶太母親說給孩子聽的小故事。母親會先讓孩子判斷狐狸會採取哪種行動，再對他的答案進一步質問，讓孩子思考狐狸可能採取哪些更適當的行動。

如果是你，會選擇A還是B？我推測有八成的人會選擇B。如果選A，雖然沒有被獵人發現的風險，但必須把煞費苦心才吃到的葡萄吐出來，躲在窩裡挨餓減肥的努力將化為泡影。能毫不猶豫選擇A的人應該很少。

B就是冒著被獵人發現的風險賭一把，試圖保住成果，但沒辦法確定結果會如何。B說好聽點是乾脆，運氣好或許不會被獵人發現，但這種做法只是根據主觀願望的推測，沒有任何防備對策就是問題所在。

這種情況下，A和B都不是最佳答案。如果全部吐出來，前面的努力就沒意義了，待在柵欄中的風險也過大，難道要一開始就放棄葡萄嗎？猶太母親告訴孩子的正確答案會是哪一個？答案是：猶太母親會教孩子如何以最小風險產生最大報酬，也就是先分析狀況，想想看怎麼做風險最低、又有最多收穫。

猶太小孩的答案中，最多的是：為了可以隨時從柵欄出來，不要吃到撐，花幾天時間、每天吃一點。許多人平時也有「吃八分飽」的想法，狐狸的情況應更加謹慎，忍著

「吃三分飽」就好。

答案可以有很多。有不進入柵欄就吃到美味葡萄的方法嗎？這也是有效的觀點，如果做得到，就可以避免被獵人發現、逃不出來的風險。

與其拚盡全力，不如正視風險

許多人常會裝作沒看見風險，認為「船到橋頭自然直」、尋找碰運氣的機會，但猶太人卻會採取根據徹底調查、冷靜判斷，能確實獲得成果的方法。兩種思考模式差異明顯。

從國際政治、戰爭的歷史中可看出，總試圖「碰運氣」的日本人，和仔細分析風險、現狀，找適當方法的歐美人、猶太人，擁有多麼巨大的差別。其中最明顯的，就是第二次世界大戰。

日本人以「死後在靖國神社相見」為口號，一頭栽進戰爭，過於輕易相信只要拚死搏鬥，日本軍人就絕對不會輸。就某種意義上來說，這不是夢想家組織嗎？

另一方面，美國徹底調查、分析敵國的戰力。日本的零戰（零式艦上戰鬥機，堪稱日本海軍二戰時最知名的戰鬥機）哪裡厲害？如何製造能與之抗衡的戰鬥機？如何設立工廠？美軍冷靜判斷狀況，得到「生產能力才是戰力」的結論，然後製造凌駕零戰的戰鬥機，投入戰局。

提升邏輯力，從檢驗資訊做起

有時候，指導我的拉比會批評日本人：「日本人不善於分析（Analytical），是空想家（Dreamer）。」就是很會做夢的意思。哈佛、牛津等世界知名大學的教育現場，非常重視「分析」，而日本學生的論文中常有「我是這麼想的（I think）……」這種主觀寫法，欠缺分析的觀點。

拉比也指出，歐美記者和東方國家記者寫的報導有相當大的差異。歐美記者以龐大的調查為基礎，引用調查結果進行客觀、分析性的論述，東方國家記者卻會跳過調查事實，用記者的立場、主張、情感來寫報導。

歐美人較具分析性，東方人則多空想家。可以想見，這就是東方人在全世界的國際政治、企業競爭、教育等方面，慢西方一步的原因之一。**光是空想，無法正確辨識現況**。以調查、分析為根據的邏輯思考，才是在國際社會談判、競爭中生存所需的思考力。平常就養成對資訊保持懷疑、試著自己調查實情的習慣，非常重要。

面對資訊的態度更為重要，尤其是對媒體報導更不能照單全收。如果資訊受眾能確實檢驗報導究竟是記者自己調查的事實，還是把學者的言論囫圇吞棗後寫出來，我們就不會輕易被媒體煽動。

閱聽人必須有分析的觀點，發揮資訊檢驗的效果。

練習14. 墮胎的規定

猶太民族有「懷孕40天內可墮胎」的意見。

問題

思考40天的根據是什麼，試著提出來。

關於墮胎的議論，是不同國家、宗教之間常有意見對立的敏感話題之一。應該允許墮胎嗎？如果可以墮胎，應該在什麼時間前墮胎呢？

這些議論很容易走向「墮胎對胎兒很殘忍」的情感觀點。如果陷入「因為胎兒很可憐，所以不應允許墮胎」vs.「不，我不認為可憐」這種情緒性應答，議論就無法進展。再強調一次，情感性的理由並不能成為合理根據。

許多猶太人支持「懷孕前四十天可視情況墮胎」的看法，認為懷孕四十天內還看不到胎兒的手腳，此時胎兒被認為是母體的一部分，既然是母體的一部分，如何處理就是母親的自由。不過，一旦超過這時間，胎兒就不是母親的所有物，而是一個人了，所以此時不能墮胎。就這個觀點，用醫術將著床前的受精卵從母體取出完全沒有問題。

羅馬天主教（Roman Catholic Church）則完全不同意墮胎，無論是四十天內或四十天後。因為羅馬天主教認為，從受精的瞬間開始，胎兒就是不同於母體的另一個生命，被定義為人。

猶太民族與羅馬天主教主張的分歧在於，猶太民族認為，在懷孕頭四十天，胎兒是「母體的一部分」；羅馬天主教則認為從受精階段起，受精卵就是一個生命（人）。為何受精卵可說是生命（人）呢？這問題正是允許墮胎與否的論點。

我再介紹一個有關定義重要性的小故事。

以色列的最高法院規定「以色列是聖地，不可把豬帶進來」，而有個猶太人想到應對的方法，他說：「好，我知道了。我做一個高架子裝豬再進去，這樣就沒有把豬帶進聖地了。」結果誰也反對不了。

設置高架子裝豬再進入以色列，看來確實是歪理，但重點在於如何定義「聖地」。這故事的論點是「是否接觸到聖地」，所以猶太人想，不可在豬腳踏地的情況下把豬帶入聖地，那沒踏到地就可以帶進去。若將聖地定義為「地面本身」，那未接觸到地面的部分就不是聖地。

事實上，這定義的背景是「豬有帶來病毒的危險性」，豬的腳著地可能會帶來病毒，但有高架子的話，風險就消失了。

有情緒，先思考對方用語詞義

不擅長邏輯思考的人，對詞彙、語句的定義常模糊不清。對詞語定義不清，就增加摻雜情感的空間；若定義明確，就不易受情感左右。

假設有人當面對我說「你是笨蛋」，我會生氣，我會覺得不舒服。不過若有人在我面前說「日本人無法邏輯思考」，我就不會不高興，因為覺得那不是在講我。但大部分的日本人（一百個人中恐怕有九十九個），當聽到別人說「日本人不會邏輯思考」時會覺得自己好像被罵了。這就是感情用事的主要原因。

如果是猶太人，就會先思考詞語的定義。在剛才的例子中，當被指責「日本如何」或

「日本人如何」時，是如何定義日本、日本人的呢？應該先追問對方，為什麼說出這樣的話。

有定義才有指責、批判，在定義不清的狀態下議論沒有意義。用情感來處理事物，只會讓你無法正確判斷。當詞語被明確定義，才能使議論的尺度明確。

第 5 課

不能
「哪個都可以」

練習15. 請客的回報

你正準備跟猶太人開會。會議時間一到，猶太人買了附近知名咖啡過來請你。就在會議差不多要結束時，猶太人針對咖啡錢說了幾句話。

他的話非常具猶太風格。這位猶太人到底說了什麼？

這是我與一位猶太商業夥伴開會時發生的真實事件。

猶太人說：「我為你花錢買了這杯咖啡，你能讓我有什麼期待？」

一般人或許會心想「怎麼有這麼厚臉皮的人？」在東方社會，為客人準備咖啡是理所當然的事情，開口跟人家講錢實在丟臉，因為只要未來談成大生意，咖啡這點小錢算不了什麼。

顧慮情面，害你賺不了錢

然而，猶太人卻不這麼認為。

假設這杯咖啡價值九百日圓（約合新臺

幣兩百四十元），猶太人希望，這場會議能讓他賺到三千萬日圓（約合新臺幣七百九十萬元）。

猶太人徹底追求短期利益，仔細檢視自己究竟能獲得多少利益。要是開一小時的會卻沒得到成果，他們或許會說下次不必再見。猶太人的立場極為明確。他們不會想：「這天的九百日圓，或許在三年後能帶來一億日圓的交易。」

「哪裡能讓我賺錢？」才是猶太人的著眼點。下一則〈練習16：拿破崙與鯡魚〉說的故事也是相同的觀念。

練習 16. 拿破崙與鯡魚

拿破崙成功征服歐洲後，對提供協助的各國人士表示：「我要好好獎勵各位，告訴我你們想要什麼。」

法國人說：「我們想要葡萄酒田跟葡萄酒廠。」德國人說：「我們想要大麥田跟啤酒工廠。」義大利人說：「我們想要小麥田跟美味的義大利麵製麵廠。」

然而，猶太人卻說：「我們只想要兩條鯡魚。」聽到猶太人的要求，其他國家的人不禁暗笑：「難得拿破崙大王要賞賜，居然只要這些小東西，猶太人真是笨！」

問題

猶太人為什麼只要兩條鯡魚作為獎勵？

拿破崙征服歐洲是在十九世紀初，猶太故事中也數度出現這位時代強者的名字。兩條鯡魚是多小的願望啊！既然是拿破崙的賞賜更應該放膽要求。事實上，最後實現願望的就只有猶太人而已。要求兩條鯡魚馬上就能實現，猶太人就帶著兩條鯡魚離開，而其他國家的心願卻成一場空。由於拿破崙在征服歐洲沒多久後便逐漸失勢，其他國家什麼也沒得到。真正實現要求的，只有以確實獲得成果為目標的猶太人。

猶太人這種行為特質，可說是從長年苦難的歷史經驗中磨練出來的生存智慧。為了讓民族延續，有錢購買每日的食糧非常必要。猶太人深知，持續累積微小利益才能存到錢，期待獲取暴利的結果往往是什麼也得不到。

這篇故事要告訴我們，即使被別人當成笨蛋，確保每天需要的糧食更重要。這個故事以拿破崙為主角，也是要猶太人學習「權力必將更迭」的道理。眼前的安定不可能長久維持，所以必須更重視能立即獲取的利益。

明定事業核心，不貪多

「我確實能賺到哪些部分的錢？」猶太人的守備範圍十分明確，對短期利益更是徹底追求。

以色列的創投企業總共多達七十家，數量僅次於美國，占全國企業的比例相當高，或許就是這個原因。只要看過《新創企業之國》一書就能明白，猶太人擅長創業投資，很懂得藉由創投獲取短期利益。

開發創新商業模式、讓新創企業快速成長能讓猶太人感到有趣。他們在成功創立新企業後，就交給擅長發展與擴大事業的美國等他國企業；而來自較保守國家的企業，大都是包辦從企畫開發到製造、銷售、售後服務，與猶太人的生意模式完全相反。

所謂的「守備範圍」，**就是指該以什麼為商業模式的核心**。關於這點，亞馬遜（Amazon）與樂天（Rakuten）的對比非常有趣。亞馬遜與樂天都是從網路銷售崛起，如今卻各自發展出完全不同的事業。

亞馬遜不僅銷售書籍、日用品等物品，也利用雲端技術銷售音樂與電影。雖然產品有實體與數位的差異，但亞馬遜向來專注於商品配送，他們獨特的配送系統甚至能將商品送上月球。另一方面，樂天除了網路銷售平臺外，還跨足信用卡、旅遊、證券、銀行等產業，甚至還有自己的球隊。樂天針對會員提供多元的服務，這種什麼都要收到傘下的商業模式，在全世界也可說是絕無僅有。

亞馬遜之所以在物流服務上一路精進至此，正是因為他們很清楚「自己能在哪部分賺到錢」。他們的商業模式非常明確，只要能力所及，要將商品送到哪都沒問題。這必然是他們深入討論、找出自身強項再決定事業核心的結果。亞馬遜的發展非常具有猶太風格。

相較之下，樂天發展的軌跡就非常日本。他們不停購併（M＆A，Mergers and Acquisitions）企業、包山包海。樂天不斷擴大事業，終於發展為一家網路金融公司。雖然這也是一種生存方式，但既然要發展成這個結果，何不在最初就專注發展網路金融？繞一大圈不是在浪費時間與經營資源嗎？

猶太人的新創企業，目的與守備範圍都很明確。短期獲利即轉手，再將轉手取得的資金注入其他新創企業，這正是猶太人追求確實利益的展現。

練習17. 魔法的石榴

有三位感情極好的兄弟，長大成人後準備各自離家修行。他們在出發前約定，十年後要回家相聚，同時把自己在旅途中發現最不可思議的東西帶回來。

大哥去了東方，從某個旅人手上買到一個可看見世界所有角落的神奇玻璃杯，他確信這是世上最不可思議之物。

二哥去了西方，途經某座小鎮時遇見一位毛毯商人。他在詢問毛毯的價錢時，手才指向毛毯，毛毯竟然就動了起來。「怎麼回事，這毛毯底下是不是有老鼠？」沒想到商人抬起下巴表示：「您說什麼傻話啊，這是有生命的毛毯，可以在高空中飛呢！只要坐上這張毛毯，就能用比鳥快的速度飛往任何你想去的地方。」二哥相信這張毛毯比任何東西都不可思議，花一大筆錢買下來，他相信自己一定能贏過哥哥與弟弟。

最小的弟弟去了南方，發現一片不可思議的森林。當他走入森林深處，眼前佇立一棵不可思議的石榴樹。這棵石榴樹開滿了花，卻只結一顆果實。當弟弟伸手摘下果實，沒想到果實自動落入他的掌心。此時，樹上其中一朵花竟突然變成一顆紅潤成熟的石榴果實。「這就是世上最不可思議的東西了，我要帶這棵樹回家。」弟弟剛這樣想，石榴樹就突然消失不見，於是他帶著手中的石榴果實回去。

十年後回家，三兄弟各自拿出帶回來的神奇之物。

當三人正在欣賞大哥帶回的玻璃杯時，竟看到某國公主重病在床的景象。國王在公主身邊嘆息：「有沒有人可以治好我女兒？不管找來多少大夫，她始終不見起色，再不快點公主就要死了啊！」

聽見這番話，三兄弟立即乘上二哥帶回來的毛毯趕往公主的城堡。最小的弟弟相信公主只要吃下石榴就能康復，於是切了一半餵公主。公主吃下去後，果然氣色慢慢好轉，從無法下床恢復到可以自己起身。

感激不已的國王對三兄弟說：「多虧你們三人公主才能康復。要我把公主嫁給你們哪一位都可以，你們自己商量看誰要跟公主結婚。」突然，公主開了口：「請讓我問個問題。大哥，你們透過神奇的玻璃杯發現了我，那個像望遠鏡般的杯子完好如初嗎？」大哥：「是的，完好如初。」

公主：「二哥，你們乘著魔毯前來救我，那張魔毯現在可以飛嗎？」二哥：「是的，魔毯依然可以飛。」

公主：「那麼弟弟，你餵我吃石榴，治癒了我的病。那顆石榴跟以前有什麼不同嗎？」弟弟：「公主，您吃掉一半後，石榴現在只剩一半。」

想想看，公主會選擇跟誰結婚呢？

這也是猶太母親經常跟孩子說的故事。母親通常會先讓孩子回答，再問孩子：「為什麼？」讓他們思考自己的理由。

從結論來說，公主最後跟最小的弟弟結婚，因為只有他為公主犧牲重要的東西。這則故事要告訴我們的，就是「沒有付出，就沒有收穫」（no pain, no gain），也是猶太祖先傳承的教誨。

當年摩西帶領猶太人逃出埃及時，付出極大的代價才得以抵達迦南，三兄弟的故事就是從這時期流傳下來的。猶太人捨棄所有帶不走的資產、財物與舒適的居所，穿著身上的衣服就逃出來，在沙漠中迷途了四十年。他們做了最大的犧牲才抵達迦南。沒有失去就不可能成功；失去多少，就有多成功。

此外，失去的「時機」也很重要。猶太人的教導是**捨棄重要的東西在先，而不是在得知可以獲得更大的利益後才決定捨棄**。最小的弟弟之所以願意分一半的石榴給公主，並不是因為知道自己這麼做就能跟公主結婚，而是單純為了救公主，才將重要的石榴切成兩半。最初重要的失去將為自己開闢一條新道路。

過去功績如何變成阻礙

有捨才有得。第3課〈練習8：教材的順序〉介紹的英特爾元老安迪．葛洛夫就實踐這一點。英特爾之所以能有今日的成功，就是因為當初毅然決然撤出過去主力事業，轉而發展CPU事業。相較於此，柯達（Kodak）過去是攝影底片業界龍頭，就是因為堅持留守底片事業，才會失去所有市場，最後破產。

無法捨棄過去的成功與榮耀也是日本企業的一大通病。過去風靡世界的日本家電廠商，也是因為不願縮減電視、半導體、液晶螢幕等競爭激烈領域的事業規模，導致經營惡化。沒有犧牲就沒有成功，猶太人的教訓放在現代商業經營也適用。

不只是商業經營，這觀念對人生也有重要意義。例如，猶太人對飲食與日常生活有許多詳細規定，他們認為唯有嚴格遵守戒律才會幸福。猶太人的生活中不能違反貪欲、怠惰、放蕩、不健康與虛偽五個戒律。許多現代人喝高級紅酒、享用豐盛美食，看似生活豐裕，實際上做的全是危害健康、縮短壽命的事。

猶太人認為極簡飲食就能夠讓人滿足。只要鋪上潔淨的桌巾、擺兩支蠟燭，享用自釀葡萄酒與簡單少量的食物就足夠。不需要花大錢旅遊，在簡樸的猶太教堂學習或與人議論還能夠培養多元思考。嚴格的飲食戒律，是因為猶太教體悟「猶太人生存的目的並非為了享用美食」。

透過研讀《希伯來聖經》深刻了解神賦予猶太民族的任務，遵循教義生活是猶太人的生存意義。你個人的生存意義又是什麼？是否在無意間累積許多，讓自己感受不到幸福的阻礙？想獲得幸福與成功，首先必須捨棄。要不要試著懷抱這念頭度過每一天？

做決定，也有優先順序

從思考方式的角度來看，區分出重視的東西相當重要。許多人無法決定事物的優先順序，無法放棄或丟棄任一件。現在教大家如何思考，才能判斷出什麼東西應該捨棄。

在日本，有個方法稱為「取捨選擇」：把東西一股腦兒擺在桌上，再決定什麼要丟、什麼要留。上述屬於二次元的做法。相對於此，猶太人採取的是三次元的「取捨選擇」，**他們會加上時間軸**。圖表 5-1 為兩者的比較。

日本人是二次元的選擇，會變成這個也留、那個也留的分散式選擇。猶太人則是只拿出立刻要做決定的東西，是一種集中式選擇，並且進一步區分出「不立刻處理」的東西，

圖表5-1 猶太人的三次元取捨選擇

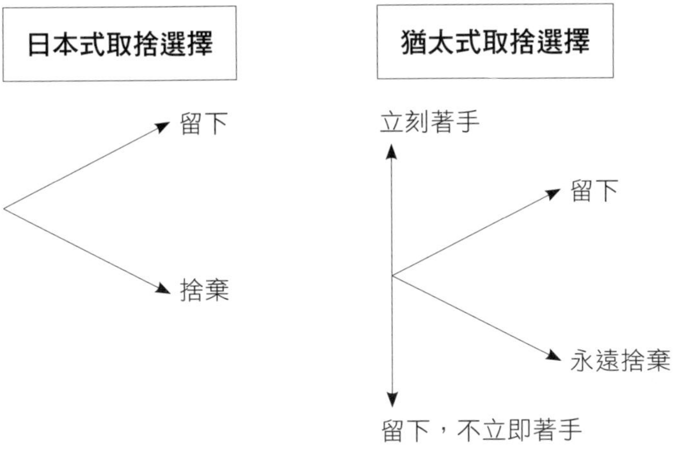

因此在立即著手之外，還有暫時保留（以後再說）的選擇。

猶太人也可能會為選擇畫上時間軸，分為：立刻著手（A）、下一步著手（B）、再下一步進行（C），或是放棄做選擇（D）。

當立刻著手做選擇（A）失敗時，馬上開始進行B，當B失敗時，再立刻進行C。再失敗就乾脆什麼也不做（D）。

松下幸之助曾說：「只要能持續做到成功為止，做任何事都能夠成功。」這句格言涵蓋時間的觀念。

不過我認為，即使日本人為取捨選

擇加上時間軸，還是花太多時間了。猶太人兩年就放棄的事，日本人可能會堅持到二十年，不成功就永不放棄。中日戰爭與美日戰爭會拖泥帶水陷入僵局，很可能就是這個原因。當時日軍視撤退為「恥」，這種思考方式在世界上也很罕見。

第 6 課

問出根本價值才停止

練習18. 發明創新產品

以下兩項科技中，你覺得哪個比較創新？試述你的理由。

A. 會把列印好的文件自動送到桌邊的印表機機器人。

B. 能透過淚液檢測血糖數值的智慧隱形眼鏡。

最近，我跟住在紐約的猶太人聊到A。

只要在電腦上操作列印指示，印表機機器人就會自動走到桌邊，把資料印出來給使用者。這是某個日本廠商開發出來的產品，可避免文件被看到。

然而，美國或其他國家的開發清單上不曾出現過這樣的機器人。因為只要自己走到共用印表機拿文件，不就好了嗎？

「日本向來熱中為特殊市場研發科技，這不過是自我滿足。」那位猶太人說。因此日本的研發技術經常被揶揄是「為了科技而科技」。

另一方面，截至目前為止，測量血糖數值還是必須透過抽取血液，不僅麻煩也會造成身體上的痛苦。要是疏於做血糖檢測，甚至會招致生命危險。

B是由Google開發的穿戴式血糖測定裝置，能透過隱形眼鏡上的偵測器時常檢測淚液、監控血糖值，明顯減輕糖尿病患者的痛苦與風險。二〇一五年二月，取得這項技術執照的瑞士製藥公司諾華（Novartis）正在進行開發與商品化。一旦實用化，就有助於提升糖尿病患者的生活品質。

印表機機器人與智慧隱形眼鏡，哪個技術能造福人類與社會？答案非常清楚。比起印表機機器人，猶太人認為應該把精神放在研發改善人類生活的創新技術上。

開發機器人的兩種目標

說到機器人，走在世界科技尖端的本田（Honda）的人形機器人Asimo[7]最廣為人知，但至今我們尚未聽說Asimo被運用在對人類有助益的事業上。Asimo可以為臥病在床的病人翻身，避免引發褥瘡嗎？可以為氣切患者抽痰嗎？可以為癱瘓病人清除糞便嗎？

7 二〇一八年已宣布終止研發。

而以色列開發的 ReWalk 機器人，不僅取得美國食品藥物管理局（FDA）的醫療器具認可，更獲日本厚生勞動省（掌管醫療、勞動政策、社會保險等業務）認可，可協助下肢麻痺患者步行。

若以人工智慧觀點來看，作為機器人，ReWalk 確實遠遠比不上 Asimo，但現實中 ReWalk 卻為下肢麻痺患者帶來恩惠。雖然 Asimo 是以「開發接近人類的機器人」為目標而進化至今，但讓人感覺是為了技術而技術。相較之下，ReWalk 最初的開發目標就是為了幫助輪椅患者能步行。開發 ReWalk 的概念鎖定「擺脫輪椅束縛」這一點，目前已在美國納斯達克（NASDAQ）上市。

已有答案，還需要討論嗎？

猶太人之所以重視追求根本且普世通用的價值，跟他們平時的思考習慣有關。例如，猶太人的飲食規定詳細記錄可以吃與不能吃的食物（稱為 Kosher，即符合猶太教教規的食物）。聖書上寫，不能吃豬肉、蝦子、牡蠣、章魚、花枝……但猶太人依然會去思考為什麼。

即使是可以吃的牛肉，也有細微的附加條件，關於宰殺方式也有詳細規定。然而，聖經上卻沒有記載猶太人須嚴守飲食規定的理由。

放眼世界，近年人權意識提升，飛機上也開始提供猶太飲食。不過在猶太人極少的日本，幾乎沒有地方提供猶太餐、猶太人可以吃的食物很少，遵守飲食戒律也更加困難。即便如此，包括我在內的猶太人，依然虔誠奉行聖書規定。

不過，我們並非盲目遵守戒律。不同於毫不懷疑就相信「想前往西方極樂世界者請念佛」而每天努力念佛的人，猶太人不停思考：「為什麼聖書上要寫『不能吃貝類、牡蠣、蝦子、花枝、章魚、蝦蛄、海參、魚翅、鱉、鹿肉、山豬，還有熊』呢？」

猶太人習慣思考，但不論怎麼思考都不會因此破戒。對猶太人來說，《希伯來聖經》是絕對真理。

你可能會疑惑，既然奉行到底，猶太人是為了什麼而思考？又為什麼議論？曾有一位日本人問我：「針對有答案的問題議論有趣嗎？」「很有趣！」我回答。那個人繼續問：「針對有答案的問題議論，猶太人到底在追求什麼？」

猶太人追求的是議論本身。我的猶太教導師拉比教導我，猶太教的本質在於問「為什麼」，對所有事物都懷抱疑問、深入思考「為什麼」。有些人會說：「不須懷疑神的存在，只要相信就對了。」但猶太人認為，如果你對此深信不疑，你就不可能理解神的存在。如果無法隨時思考緣由，就不可能接近神。也就是說，迷信盲從者與宗教狂熱者無法成為猶太教徒。

這世上的規定都怎麼來的？

舉例來說，《希伯來聖經》提到，神是根據「神的形象」創造亞當與夏娃。猶太人會問，為什麼神要依據自己的模樣創造人類？

如果狗的模樣不像神，那麼神眼中的狗是什麼樣的存在？跟人類有什麼不同？對於近似自己形象的人類，神有些什麼期待？人類像神的哪裡？人類的哪個部分跟神相似？之所以持續思辨，是因為猶太人想知道神為什麼要依據自己的形象造人，想確認自己存在的意義。關於這點，《猶太法典》如此解釋：「神之所以依據自己的形象造人，是希望人類繼承自己的意志。」

若是這樣，人類應該怎麼生活？為了實踐神的意志，我們應該先學習普遍的道德才對。猶太人就是因此開始思考道德是什麼。普遍的道德是什麼？跟一般人所知的道德有什麼不同？道德與倫理哪裡不一樣？道德是誰規定的？人類，還是神？如果道德是由人類決定的，是由國會議定，還是政府制定？假若是由國會與政府決定，萬一與神的道德有所違背，人類應該要遵守哪一邊？

此外，神也會毫不留情毀滅人類。東方人心中的神明幾乎都帶有慈悲的形象，但猶太人的神不是只有慈悲這一種面貌。

〈創世紀〉中記載，神放火燒毀所多瑪與蛾摩拉這兩座充滿惡人的城市，讓數以萬計的人類死亡。諾亞方舟的故事也是因為神震怒而帶來大洪水，淹死數萬人。

也就是說，神的形象是：「會毫不留情殺死不遵從神教導的人類。」如此嚴苛的神究竟是什麼樣的存在？光看神殘暴的一面，無法得知神的真意。於是猶太人繼續思考：為什麼神要燒死不遵從神的旨意的人？

有一個說法是：「人類是神創造出來的，所以要讓人類存活或死亡是神的權力。」神手中握有人類的生殺大權，在神面前，人類的生命根本不算什麼。

於是，我們也可以這樣說。能夠決定誰生誰死的唯有神。因此，人類無法決定彼此生命的輕重、不能自行判定「A的性命很重要，B的性命不重要」。因此，猶太教規定既不能殺人，也不能自殺。

如果人類絕對不被允許殺人，那麼死刑是可以被接受的嗎？為了自我防衛而殺死攻擊者可以被原諒嗎？罹患不治之症的患者可要求安樂死嗎？當孕婦有危險時可以墮胎嗎？就像這樣，猶太人對於人類無法理解的神的作為（多數是自然現象，有時是超自然現象遭遇悲慘際遇等）會問「為什麼」來不斷思考：人類是什麼？人類活著的意義是什麼？這世界又是什麼？

問「為什麼」的習慣，創造猶太人凡事追求根本價值的獨特思維。那麼，猶太人實際上對《希伯來聖經》都有什麼疑問，又是如何理解的？

〈練習19：光與暗的世界〉將帶大家再看一次第2課〈練習6：質疑「創世紀」〉中提到的辯論，希望大家一窺猶太人思考的過程。

練習 19. 光與暗的世界

《希伯來聖經．創世紀》開頭的部分寫到：

1:3 And the God said, Let there be light: and there was light.
（神說，要有光，就有了光。）

1:4 And God, looking on the light, saw that it was good: and God made a division between the light and the dark.
（神看光是好的，就把光與暗分開了。）

1:5 Naming the light, Day, and the dark, Night. And there was evening and there was morning, the first day.
（神稱光為晝，稱暗為夜。有晚上，有早晨，這是頭一日。）

問題

如 1:4 所述，神把光明與黑暗分開了。為什麼神要分開呢？

《希伯來聖經》中的故事全是比喻，將寓意託付在故事之中。

若要理解神創造的世界，「光明」與「黑暗」是重要的關鍵字。試著思考「光明」與「黑暗」各代表什麼，再思考下面的問題：「神為何要區分光明與黑暗？」

換個角度思考，如果不區分光明與黑暗，而是將其混合，創造一個明月初上的微暗世界不是也滿好的？應該可以不是division（分離），而是mixture（混合物）吧？

可以思考的論點是，光明與黑暗可以被完全區分，我們也向來認為光明與黑暗是對立的。因為光明與黑暗對立，所以神這麼區分。那麼，光明與黑暗象徵的「對立」是什麼？

《猶太法典》中這樣解釋：

「light」（光）即「right」（對），是善與正義的象徵；而「dark」（暗）代表「惡」。善與惡、正義與邪惡、慈悲與殘忍，兩兩皆是絕不相容之事，所以才能完全區別。

從問題「神為什麼要區分光明與黑暗？」可發現，神區分光明與黑暗的同時，也在區分善與惡、正義與邪惡、慈悲與殘忍。這是理解神所創造的世界的第一步。再接下去看：

1:4 And God, looking on the light, saw that it was good: and God made a division between the light and the dark,

（神看光是好的，就把光與暗分開了。）

對於「light」（善），神說「it was good」（是好的），但對於dark（惡）神沒說「it was good」。換句話說，神不認同惡的存在。

那為何神要留下惡？神不認同惡的存在，但神創造的世界卻不是唯善存在，這不是很矛盾嗎？《猶太法典》解釋：「若把人類放在只有善的世界，人類將不知道什麼是惡。為了告訴人類何謂善，所以留下惡。」

理解我們所在的世界

1:3 And the God said, Let there be light: and there was light.

（神說，要有光，就有了光。）

1:4 And God, looking on the light, saw that it was good: and God made a division between the light and the dark,

（神看光是好的，就把光與暗分開了。）

仔細閱讀1:3到1:4，或許會有某個疑問湧上心頭。神說「Let there be light」（要有光），讓世界獲得光明，但祂沒說「Let there be darkness」（要有暗）。也就是說，神並非特意要讓世界有黑暗。那麼，黑暗從何而來？

《猶太法典》中解釋：「當神創造了光明，光明照不到的地方就產生了黑暗。」也就是說，黑暗是在光明照不到的地方自然產生的。有光明就有黑暗；反之，有黑暗就有光明。光明與黑暗是一體兩面的東西。

同樣的，善與惡、正義與邪惡、慈悲與殘忍都是一體兩面。透過這些思辨我們知道，神把許多一體兩面的東西像拼布般組合在一起，創造了世界。神雖然不認同惡，但惡的留下應屬必然。我們因此深入理解神創造的世界。

1:5 是神創造第一日的場面。

1:5 Naming the light, Day, and the dark, Night. And there was evening and there was morning, the first day.

（神稱光為晝，稱暗為夜。有晚上，有早晨，這是頭一日。）

光明與黑暗分別被稱為「晝」與「夜」，這是第一日。也就是說，一天之中有光明的世界，也有黑暗的世界，為什麼神要這麼創造？

若要完全區分光明與黑暗，也可以分別創造光明的一日、黑暗的一日。或是一年三百六十五天中，光明的世界有一百八十三天，黑暗的世界有一百八十二天也行。神為什麼不這麼做？這與我們如何看待善與惡的關係有關。對於這個疑問，諾亞方舟的故事藏有提示。接下來就來看看〈練習20：諾亞方舟的真相〉吧！

練習20. 諾亞方舟的真相

神震怒帶來大洪水時，規定只有一男一女，動物也要一公一母才能登上方舟。

後來「善」也想要上方舟，但神說只有成雙成對者可以上船。於是「善」帶來了另一個「善」，神卻說善與善並不成對，因此再次拒絕。

「善」逼不得已只好牽著最討厭的「惡」前來，這時神終於允許他們登船。

問題

試著思考，神告訴我們「善」與「惡」是什麼關係？

能夠乘上諾亞方舟的只有成雙成對的伴侶，於是善與惡、苦與樂、藥與毒、福與禍、富與貧，各自以伴侶的姿態成功登船。這代表**世界上所有矛盾的事物並非各自單獨存在，通常是同時存在**。

故事說到，善一再被拒絕登船，直到帶了惡前來才得以登上方舟。這裡很重要的一點是，善與惡是「牽著手」前來的。這意味著，善與惡不僅是同時存在於世界上，還是一體兩面的緊密關係。

善與惡是不同一回事卻並存。以人類來說，一個人會有善的一面，也會有惡的一面。我們不能認為善人與惡人完全不同，因為這就是神創造的世界。由於神為世界留下善與惡，於是有些只追求自我利益的人，便利用善人與惡人兩種面貌，讓事情往自己希望的方向發展。

若不能理解這世界的多樣面貌，在國際政治上將遭受重大損失。例如，美國為許多事物設定基準，主張「這就是國際標準」進而推行至全世界，像是洗錢防制規定、銀行規定、國際銀行法、證券交易規定、會計基準等。我們是否懷疑過，這些所謂的「國際標準」是不是美國人以善人面貌所提倡的呢？

此外，許多人總會因為是「善人美國」的意見便全面接受，是不是未曾想過美國也會有「惡人的一面」？或者，美國邀請他國參與制定規則的用意，可能是為自己的利益預備退路？國際政治也是如此。日本總是與美國口徑一致說：「ＩＳＩＳ是殘暴的。」或許哪天會突然跟不上態度不變的美國，美國也很可能突然與別國結盟，然後反過來說：「日本是殘暴的」。

找出根本然後加以遵循

回到一開始的話題，我們再深入思考神為何創造善惡並存的世界。神的指示就藏在「伊甸園」（the garden of Eden）的故事裡。

故事中，亞當與夏娃（Adam and Eve）因為偷吃善惡知識樹的果實，而開始懂得區分善惡。也就是說，神讓懂得區分善惡的人類住在善惡並存的世界，給予人類選擇的自由。人有選擇善的自由，也有選擇惡的。當然，選擇惡違背神的期待，但神也給予人類違背神的自由。

如果創造出唯善的世界，一切就會非常單純，為何神要特意創造同時有惡的世界，讓人類有選擇的自由？《希伯來聖經》這樣說：倘若這是個唯善的世界，那麼任何人都品行端正、不會外遇，世界上也就不存在「外遇」這回事。但如果人有外遇的自由，就會聽見惡魔在輕聲呼喚，內心開始動搖。如果最後人戰勝內心的動搖，有外遇的自由卻不去做，就會得到「了不起」的評價。

又比方說，某個幫派集團總是負評多於正評，但在一九九五年日本關西地區發生芮氏規模七．三級的阪神大地震時，該幫派集團參與煮食供餐、配給物資等救援行動，讓人看到善的一面。這就是存在眼前的事實情況。

神雖然賦予人類選擇善或惡的自由，但期待我們選擇善。神讓人類活在善惡共存的世界，是因為神期待人能創造出神期望的世界。能區別微善與微惡的人，正是神所期待的。

與其問「如何形成」不如問「為什麼」

藉由思考為什麼（Why）來探究事物的根本，是猶太思考方式；而思考如何形成（How）則是科學的思考方式。

舉例來說，試圖理解「宇宙誕生初始的大爆炸（Big Bang）是如何發生的」屬於科學，試圖解開「為什麼會發生宇宙誕生初始的大爆炸」之謎就是宗教。

回到〈練習18：發明創新產品〉談到的印表機機器人與智慧隱形眼鏡。追究「如何創新」得到的結果就是印表機機器人，追求給使用者嶄新的便利，促成印表機機器人的問世。有了機器人或許方便，但沒有好像也不至於困擾。

另一方面，追究「為什麼」而開發出來的就是智慧隱形眼鏡。有鑑於測量血糖數值必須透過血液，才有研究者開始思考：為什麼非血液不可，除了血液外沒別種測量血糖的方法嗎？有沒有更輕鬆的血糖測量法？研究者透過思考為什麼，發現糖尿病患者真正需求。

為了能察覺事物的根本價值，平時就應思考「為什麼」。對平時毫不懷疑的生活常識或事物，例如：「為什麼一天三餐對健康比較好」「為什麼癌症需要做化療」「為什麼喝牛奶有助於預防骨質疏鬆症」等，只要多問一句「為什麼」，就能幫助我們不僅看到事物表面，更能覺察其中蘊含的本質。

成功的最短途徑：掌握本質

問「為什麼」的猶太式思考，亦可運用在各種業界或領域。以我個人謀生的法律界來說，日本國會制定的法律多達數萬條。與其讀完、理解所有法條然後背下來，倒不如學習法律哲學，例如「為什麼要有法律」「法律追求的正義是什麼」等，還更能累積實力。

也就是說，學過法律哲學的律師，比拚命背下數萬條法規的律師更能做出優秀的訴狀與抗辯。因為學習法律哲學有助於掌握法律的本質，而本質不會變。另一方面，國會頻繁修法，數以萬計的法條內容日新月異，光是要一一掌握，就必須耗費大量心力。

在商學院也是一樣。如果想要賣東西給別人，只要思考「人為什麼要買東西」，必然可以探究出「人類是什麼」的本質論。然而，現實中商學院教學生的是如何賣東西給人（How to），沒有提供「人類是什麼」的本質思考（如文化人類學的思維）。若不理解人類是什麼，一定很難把東西賣出去。

據說在英美，就連教導戰爭也一定會運用文化人類學的思考。例如，英國倫敦著名的倫敦大學亞非學院（SOAS）就是這領域的聖地。

第 7 課

從「不同次元」看事情

練習21. 掉落的蘋果

蘋果從蘋果樹上掉下來了。見到這個景象你會怎麼想？

「為什麼蘋果會掉下來？」提出這個疑問的是英國人牛頓（Newton），日本人則可能會感受到秋天寂寥而感嘆人生無常。猶太人就會這樣想：「為什麼蘋果沒被天空吸上去，而是往地表落下？」

再舉一個例子。眼見太陽打東方升起再往西方落下，哥白尼[8]（Copernicus）會問：「為什麼太陽看起來像在天空中移動？」

「如果從銀河系來看，太陽與地球的運轉是什麼樣子？」猶太人會如是想。猶太人總是以與他人不同的角度、不同立場來看事物。

雖然很多人常說「必須從多重角度思考」，但所謂「多重角度」卻是指從不同角度觀看同一件物品，與猶太式思考有著根本的不同。例如，一個杯子從上方看呈圓形，從側面看呈四方形，表示只有觀察者移動位置，但仍是從自身角度觀察事物。

那麼，如果把自己當成被觀察的對象會怎樣？也就是說，試著從杯子的角度觀看自己。這就是主客易位，哥白尼的思考就是如此，他的「日心說」不以地球為中心，而以太陽為中心進行觀察。

相較之下，猶太人是從另一次元來觀察事物。不從自己也不從對方的角度，而是把自己放在異次元，從異次元來觀察自己與對方。就可以拋開自己與對方原有的常識與社會規範，能跳脫既有概念、自由發想，才會產生徹底顛覆的想法。

有關從特殊異次元思考的猶太式發想，稍後閱讀《猶太法典》時再深入討論。

從問題出發而非解方

以顛覆思考為武器，猶太人帶來各式各樣的創新。

---

8 於一五四三年在他的科學著作《天體運行論》提出日心說，即地球是繞著太陽運行。但當時的科學家大都支持地心說。

未來幾年，電動車將躍升為主角[9]。不過，電動車的充電時間長、行走距離短，再加上汽車電池昂貴而大幅拉高電動車售價，一直是普及的障礙。一般以改善技術的角度來想，為使電動車得以普及，就該把焦點放在「如何縮短充電時間與拉長行走距離」，因此會把精力放在改良電池性能上。

然而，猶太人想法完全不同。若前提是充電時間太長，就思考該怎麼解決這個問題。以色列創投企業（venture company，指創業投資冒險公司）想出「交換電池」，即藉由設置電池交換站，把原電池取下來換裝已充飽電的電池。因為換電池一個動作，只需要三十秒完成。一直以來，電池都是車體的一部分。當電池被設計為可取下，甚至透過與他人共同使用，就能降低電動汽車的售價。

另一個例子，是可隨身攜帶的口袋印表機。只要放在紙上，印表機就會自動在紙上運作列印。只要有紙，不管身在何處都可以列印。由於印表機自己會動，所以使用任何尺寸的紙張都沒問題。這也是以色列某新創企業研發的設計。

印表機通常有一定的體積，必須放在辦公室的一角，若能把印表機縮小到手掌大小，就可以帶到辦公室外使用，想列印大張紙張，只要把印表機放到紙上就可以。當我們可以跳脫常識與既有概念自由發想時，得到的結果就是創新。

猶太人如何培養出這般不受拘束的思考力？正是因為常研讀《希伯來聖經》，慣於思考故事內容譬喻涵義的習慣使然。接著，來看看〈練習22：小牛與黃鼠狼〉的例子。

---

9 二〇一八年全球新售車輛中，電動汽車占比四．六%；顧問公司 AlixPartners 預估，未來電動車數量將以每年至少一．六%的速度成長。

練習22. 小牛與黃鼠狼

有一隻小母牛從屠宰場逃出，跑進一戶人家求救；還有一隻公黃鼠狼偶然跑出森林，然後誤闖民宅。該救哪一隻？

問題

・這則《猶太法典》討論的是什麼比喻？
請說明理由再回答。

在思考問題前，可以先參考下面提示。

提示一：不能帶著「好可憐喔」的情緒思考，也別管別人會怎麼想，不能以社會大眾的角度去思考。

這則比喻常被用來教導猶太人掙脫個人情緒、感情，還有社會束縛。

提示二：如果把黃鼠狼換成蒼蠅，答案會改變嗎？

提示三：小牛與黃鼠狼是什麼的比喻？若將小牛與黃鼠狼抽象化，各代表從什麼延伸來的概念？

提示四：思考給予幫助的理由。

再介紹兩個經常被引用的比喻。

一、當埃及軍追趕摩西率領的猶太人追到紅海時，奇蹟發生了，紅海一分為二。「紅海一分為二」現象是什麼的比喻？

二、三千年來的猶太教義嚴格禁止乳製品與肉類一起食用[10]。

因此，吃牛排時不能把奶油（乳製品）抹在麵包上一起吃，那麼乳瑪琳（Milkmarrine，以棕櫚油為原料的人造奶油）呢？

自一八六九年法國發明乳瑪琳以來，猶太人便針對這問題認真討論，甚至還有討論此議題的專書出版。「肉跟乳瑪琳一起吃」是什麼的比喻？大家可以一起思考看看。

擺脫「受害者」觀點，找出活路

孕育這般思考力的土壤，源自猶太人長達數千年遭受迫害的歷史。由於猶太人沒有國土，長年遭到各國的歧視，不僅職業受到限制，有時甚至會無端受誣陷、迫害。

10《出埃及記》第23章19節、第34章26節、《申命記》第14章21節。

二十世紀時希特勒（Adolf Hitler）與納粹德國主導的大屠殺，造成六百萬猶太人遭到虐殺，是眾所周知的史實。猶太人認為，世上發生的每件事都有神的旨意，偶然與奇蹟、不幸與災害都可能發生。他們會思考：神為什麼要創造希特勒？

就算盡力避免，不幸與災難還是可能發生、無論遭遇多麼殘酷的命運，猶太人始終認為**不該想著「要如何避免苦難」**，**而是思考「該如何活下去」**。猶太人不管在什麼時代都拚命尋找活路，才得以延續至今。如果諾亞方舟遭遇的大洪水發生在現代，人類會如何？有個笑話就是以此為題。

日本人會拜佛祈求「來世再會」；德國人會擔心「如何挖掘全國人民的墳墓最有效」；義大利人則會煩惱「墳墓該怎麼設計」。我相信猶太人想的一定是「怎麼做才能活下去」，即使身陷絕境仍不放棄追求活下去的可能。正是這種不屈不撓的精神，孕育出能絕境逢生的顛覆想法。

學思考最好的老師：限制

日本是世界最和平與富裕的國家之一。日本人很難在生活中感到危險，不曾經歷死裡逃生的情境。屋內的溫度總是舒適，衣食也無缺，擁有安穩的生活似乎很理所當然。然而若是習慣這種生活，有可能導致思考力退化、失去自由發想的彈性。

一個人如果從來**沒被逼到絕境、奮力求生的經驗，就不可能有顛覆性思考**。現今以色列的猶太人也過著富裕的生活，但他們卻經常有模擬求生的機會。《希伯來聖經》與《猶太法典》是幫助猶太人自古以來，在不幸與災難中努力求生的智慧寶藏。每日研讀它，現代猶太人能不斷複習祖先過去經歷的悲劇與困難。

另一個為猶太人思考帶來巨大影響的，就是猶太教戒律。包含飲食規定在內，猶太人日常生活中必須遵守許多戒律。不能碰的食物多達一般人的數倍，不能做的事也是一般人的好幾倍。

談到戒律，就好像生活自由與快樂會被剝奪一般。當然猶太人違背戒律也不會被懲罰，但他們依然在個人的自由意志下徹底奉行戒律。會思考該如何在遵守戒律的前提下讓事業成功，當事業成功獲得更大的利益後，又該如何回饋社會。

限制帶來效率

猶太人因戒律而生的商業模式更是不少。例如，猶太教的戒律規定絕對不能在安息日工作，但如果客人被別人搶走該怎麼辦？因此，人力派遣模式應運而生。猶太人經營的旅館為了每天都能迎接客人，會在安息日僱用異教徒來工作。

安息日可以算利息嗎？日息的概念解決這個問題。如果以年或月計息會違反戒律（基本上猶太教禁止徵收利息，但可以向異教徒收取利息），那麼只要以日計息、不算安息日就可以了。古代猶太人想出以日計息，再經由西方世界傳到日本。

由此可理解，**宗教戒律設下的諸多限制，反而讓猶太人的思考更有彈性**。基於此，如果「刻意設定規範」，說不定能更加提高思考的彈性。

猶太人的生活充滿戒律，一天必須禱告三次，而且一週有兩天禁止工作（週五傍晚至週六全天），這樣他們到底都在什麼時候工作？

為了追求效率，電腦化、ＩＴ化、雲端化不可或缺，必須仰賴人力的客服中心、技術支援、後勤辦公室等，全都交給異教徒來做。因此，很多企業會將辦公室業務外包給菲律賓（基督徒）或印度（印度教）。**戒律（制約）能帶來效率**。於是猶太人致力於創新企業、企畫提案、經營策略等領域。

此外，由於猶太人的飲食規定極嚴，一般認為 Kosher 必須同時具備有機（Organic）與安全（Safe），所以食品公司會積極請託拉比協助進行 Kosher 認證，促使 Kosher 認證費成為拉比的重要收入來源。**戒律（制約）能帶來收入**。

練習23. 遵守教義或選擇工作？

有個猶太青年從大學畢業了。然而，目前正值全球經濟不景氣，青年一直找不到工作。他求職四個多月、應徵一千家公司之後，終於有一家錄取他。

那是製藥公司中的研究工作，青年大學四年學費花了父母一千兩百萬日圓，父母看到錄取通知時感到欣慰萬分。

問題是，工作條件包含週六上班這一點。週六是猶太人的安息日，這一天被規定絕對不能工作。

問題

如果你是這位猶太青年，你會接受這份工作還是放棄？

對猶太人而言，安息日是絕對信仰。要是在安息日工作，等同於放棄猶太人的身分。然而，應徵一千家公司後好不容易才得到工作，要是拒絕這個機會，工作只會更難找，也很對不起幫自己付了一千兩百萬日圓（約合新臺幣三百五十萬元）學費的雙親。

或許有人會認為，跟公司說明情況請求理解就可以。雖然是可以試著談談看，但如果公司拒絕讓步又該怎麼辦？

這是一位猶太青年找拉比諮詢的真實故事，在猶太人社交圈裡也引起熱烈討論。「我該怎麼做才好？」面對青年的困惑，拉比並未對他說「就這樣做」或「就那樣做」。青年透過與拉比談話，絞盡腦汁希望可突破眼前的困境。

猶太青年最後的決定是，先接受這份工作，同時繼續找可以在安息日休息的工作，一找到就馬上換工作。不論是猶太人身分或工作，青年都不放棄。雖然會暫時違反猶太戒律，但過段時日等經濟狀況改善，就能找到其他工作了。

障礙也許是將來的助力

眼前看似對立或不利的事情，換個次元來看就會有不同的樣貌。

其中一個方法就是以長遠的眼光來看。雖然現狀如此，但試著思考一年後、兩年後，或是十年、二十年、五十年後的景象，再回頭看現狀，或許就會有不同的看法。

目前工作上的問題或許一個月後就解決了；幾年後，處得不好的主管可能會因為人事異動而離開；自己任職的公司，說不定會在若干年後因購併而消失。試著思考發生這些變化時，自己會如何。

當時代改變，社會常識與結構也會改變。只要理解現狀不可能持續下去，看法就會改變，而能更有彈性的思考目前該做什麼。

關於這點，英國的做法非常值得參考。英國與阿拉伯諸國及以色列一直維持良好的關係。查爾斯王子不但會去清真寺（Mosque），也會在猶太教堂露臉，雙方的活動都會出席。相對的，日本一直以來都十分重視產油國，所以對與以色列往來似乎有些疑慮。

阿拉伯諸國與以色列交惡，是在一九四八年以色列建國後的六十年。此前將近一千八百年，猶太人一直在伊斯蘭世界生活。尤其是在一四九二年三月三十一日，西班牙女王伊莎貝拉一世（Isabella）把所有拒絕改信基督教的猶太人趕出西班牙後，猶太人便受到伊斯蘭（鄂圖曼帝國，Ottoman Empire）的保護與熱情歡迎，以猶太教徒的身分延續至今。

有鑑於此，英國採取有智慧的對策。從過去長遠的歷史觀察，未來以色列與阿拉伯諸國極有可能和解。

以二十至三十年的短期眼光，無法應付時代的劇變。或許我們該多考慮個一、兩千年，把「時間軸」也列入思考範圍。

困境，是自己認定的

假設有個女高中生前往美國高中留學，卻因為很難交到朋友而倍感寂寞。她對目前的人際關係感到煩惱，一心只想回國與許多好朋友在一起。女學生的狀態就好比被放進桶子裡一樣。當人被裝進狹長的桶子裡，目光會變得狹隘，不論面向哪一邊都會碰壁。也就是說，女學生在「美國高中」的桶子裡，會感覺自己四處受困，獨自焦急掙扎。這時只要切換次元，看到的景色就會不同。

以長遠的眼光來看，高中生活終究會結束。只要想著桶子總有一天會被拿開，就能感受到未來將有一片無限青空。能這麼想，目前的痛苦也會減輕。

人總在無意識中被許多事物環繞、限制、束縛，其實這是自己眼光狹隘造成的自我認定、設限或精神束縛。以長遠眼光看待所有事情，是從束縛與自以為是中解放自己、看到無限可能的最有效方法。

有人說，這世界看似變化激烈，其實跟旋轉木馬一樣，相同的事情總是會重複發生。猶太人也有這樣的教導，富裕時代之後一定是貧困時代，景氣繁榮之後一定是蕭條。《希伯來聖經》中的故事也教導我們，凡事必由好轉壞。猶太人總是以長遠眼光看待事情，跟從小接受的教導有關。

從未來看眼前的決策

順帶一提，猶太人認為數字「七」代表一個階段，因為《希伯來聖經》中說，神花了六天創造天地，第七天則休息。

人類史上最早實施「工作六天休息一天」的就是猶太人。農地也是在耕作六年後，第七年必須休耕讓土地休養，豐收與飢荒以七年為週期循環；經濟變動、景氣的繁榮與蕭條也是以七年為週期來預測。

並不是說狀況不好時不須擔心，猶太人不會認為「辛苦時只要忍耐就好，春天必將來臨」，而會盡一切努力想辦法突破。以七年為週期觀看世間變化的考量是，即使是在太平時節，也應事先察覺必定來臨的蕭條與困難，以萬全準備度過黑暗時期。

猶太教教導，「只看眼前、狀況好時怠慢準備，狀況差時只感嘆不努力」的人，絕對不會有春天來臨。猶太人之所以能撐過諸多試煉延續至今，是因他們懂得以長遠眼光思考決策，能適應世間變化。

練習 24. 兩個小偷

一位農夫前來見拉比並提出請求：「可以請您教我《猶太法典》嗎？」拉比直接回絕：「你不可能讀懂。」但農夫繼續懇求。

「好吧，我知道了。」拉比允諾後問農夫一個問題：

某日，有兩個小偷從煙囪溜進屋子。其中一個小偷臉上沾滿煤灰，另一個小偷的臉極為乾淨。這麼看來，哪個小偷會洗臉？

猶太母親會對讀小學的孩子說這個故事。故事中農夫回答：「一定是弄髒臉的小偷會洗臉。」但拉比卻說：「不對。」

農夫詢問理由，拉比答：「因為事物有不同次元存在。」

隔天，農夫又來找拉比。「老師，我知道了。臉上沒沾煤灰的小偷會洗臉，對吧？」農夫繼續說：兩個小偷都看不見自己的臉，但看得到對方，一臉乾淨的小偷看著髒臉小偷，心裡想「我的臉上可能也都是煤灰」所以會洗臉。也就是說，兩個小偷都是從對方的臉想像自己臉的狀態。

沒想到拉比說：「所以才說就算教你，你也不會懂。」意思是他還是答錯。「若說兩個小偷是從同一根煙囪溜進屋內，一個弄髒臉、一個卻沒有，這根本不可能啊。」拉比從另一個次元切入解答。

聽猶太人說，這個故事的用意在教導孩子認知、事實與真理的不同。這是基於看待事物的次元不同造成的差異。

假設弄髒臉的是小偷A、臉乾淨的是小偷B。當小偷A看著一臉乾淨的小偷B，應該不會想到自己的臉髒。反之，當小偷B看著小偷A的臉心裡會想：「我的臉可能也弄髒了。」也就是說，小偷A會認為「兩個人的臉都沒髒」，小偷B則會認為「兩個人的臉都是髒的」。

從與對方的關聯性來判斷事物，稱為「二次元觀點」。換了角度，對事實的認知就會有差異，這樣的認知未必與事實相符。

那從什麼次元觀察，才能得到「小偷A的臉髒，小偷B的臉乾淨」這符合事實的認知？答案就是，從外面同時觀察小偷A與小偷B。

就好比小偷A與小偷B站在舞臺上，你從觀眾席看他們，稱為「觀眾觀點」。唯有透過觀眾觀點才能得知誰的臉髒、誰的臉乾淨。到這裡是認知與事實的問題，緊接著再談事實與真理的問題。

想知道「事實」是否為「真理」，就必須從異次元來觀察。故事中兩個小偷鑽的是同個煙囪，只有一個人弄髒臉不是很不自然嗎？要察覺舞臺事實（舞臺呈現的一切）的不自然，就需要有觀察觀眾的其他觀眾。

這個超越觀眾觀點、從另一次元觀察的方式，暫且稱之為「神的觀點」。這裡的神並不是指猶太人的神，用意在於區分人類從地表觀看事物的次元，與從別的次元觀看事物。

透過神的觀點，我們才會明白除了認知與事實之外還有真理的存在。「哪個小偷會洗臉？這問題很奇怪耶！」據說猶太母親對孩子說這則故事時，內心都很期待孩子會提出這個疑問，意識到真理存在。

思考，不從自己也不從對方的角度

許多人思考時總局限於二次元觀點，容易視野狹隘、只從自己的角度認知事實，陷入慣性思考、無法產生創新發想。**為使思考更靈活，察覺觀眾觀點與神的觀點極為重要。**

以兩個小偷的故事來說，當兩個小偷對看時，除了俯瞰小偷的觀眾觀點，還有從另一次元觀察小偷與觀眾的神的觀點，要不要試著把自己當作觀眾的觀眾來思考呢？

回到〈練習21：掉落的蘋果〉蘋果從樹上落下的故事，要是以神的觀點來看會如何？英國人問「為什麼蘋果會落下」、日本人感嘆生命無常，都還是以從地面眺望蘋果樹。

猶太人問：「蘋果有可能被天空吸上去嗎？」就是因為不執著於「掉下來」這一點，把縱向軸轉為橫向軸，也就是把天空與地球放在手心上，從另一次元眺望一切。這就是神的觀點。

再說到太陽東升西落的故事。自古以來，人類看到太陽由東往西，都說「太陽繞著地球轉」，這是從站在地面，自己看太陽的二次元觀點。

另一方面，若是從太陽看地球，認知應該會改為「地球繞著太陽轉」。要確認哪個是事實，就必須從別的次元（觀眾席）觀察太陽與地球。唯有從觀眾席觀看（太陽系以外的次元），才能認知到地球是繞著太陽轉。

此外，把包含太陽與地球在內的整個銀河系置於手心觀察，就是猶太式思考。從神的觀點觀察，就會得知不僅是地球繞著太陽公轉，太陽本身也會在銀河系內移動。

神的觀點能使思考不被二次元觀點影響而導致認知偏差。換句話說，**不受限於常識、既有概念，自由有彈性的思考方式，就是神的觀點**。

靈活的思考會帶來能逆轉情勢的構想。

先前介紹過口袋印表機誕生的過程，發明的關鍵在於拋開「印表機就是這樣的東西」的概念。可印刷的就是印表機，如果可隨身攜帶就更方便了，這樣發想才能打破窠臼。

即便已經被逼到絕境，乍看四處受限，只要運用神的觀點就能重獲自由。接下來要介紹的，是以妙計逆轉困境、成功逃生的猶太人故事。

練習 25. 士兵與護照

北非的衣索比亞（Ethiopia）也有猶太人。1980 年代末，衣索比亞的軍事政權逮捕了國內猶太人。猶太人全遭到拘禁，因為沒東西吃，瀕臨餓死邊緣。

被逮捕的猶太人中有位拉比趁無人注意時逃出監獄。那天他躲進農家小屋，直到深夜才往國境方向前進。太陽升起前就躲起來，深夜一片漆黑時再繼續上路，持續好幾天，他終於遠離監獄並搭上巴士。

沒想到中途遇上臨檢站，巴士被迫停靠，兩位士兵走上車來。士兵手持機關槍大喊：「全部人聽好，拿出護照或身分證件！手拿證件高舉起來，沒證件的傢伙就是可疑人物，我們直接射殺！」

拉比什麼東西都沒拿就逃離監獄，若被士兵查到，他的生命就到此為止了。幸運的是，拉比的座位在巴士最後方，等士兵過來還有兩、三分鐘的時間。拉比拚命想辦法，急中生智採取了起死回生的行動。

問題

換作你是拉比，要如何脫離這個險境呢？

這是故事中的拉比親自告訴我的真實事件。猶太人即使遭遇這般絕境也絕不放棄，他們絞盡腦汁爭取可以活下去的機會。

拉比最後站起身，一一收集身邊乘客的護照。收了約十五本護照，便把所有護照交給沿著走道過來的士兵，「包含我在內，所有乘客的護照都在這。您辛苦了。」突如其來的舉動讓士兵認為眼前這個市民是自己人，所以大致翻過後就把護照都還給拉比。「好了！」士兵說完就下了巴士。

恐懼讓拉比驚慌到心跳幾乎就要停止。之後拉比安全通過國境，成功從地中海搭船逃往以色列。據他所言，這趟逃難長達一個月。

攸關能否死裡逃生的短短數分鐘內，他如何想出這個辦法？為了不讓士兵發現自己身上沒有護照，拉比想到只要扮演協助的角色，把眾乘客的護照一起交上去檢查，或許就能騙過士兵，所以他起身假裝幫忙收集其他人的護照。

士兵一定沒想到，一個可疑人物竟然敢做這麼大的舉動，因而輕信拉比的話，沒有拿護照與本人一一比對真是太幸運了。

與敵人合作

可疑人物？還是協助者？不管事實為何，其實有很多方法可模糊他人對事實的認知。這大膽的做法源自觀看角度與次元不同，必須平時就習慣以不同次元觀察事物，才能從二次元跳脫到神的觀點發想。

乍看之下是敵對關係，但若從神的觀點來看，也可以是自己人。

再舉個容易理解的例子。銷售市場上，對於一般消費者大都還不認識的產品，與其和競爭企業相互牽制，合作做大市場反而能為彼此帶來利益，就是「雙贏」。把敵人變成自己人，可以改變眼前的對立僵局。

以色列工科大學猶太研究者開發的新形態抗癌劑，就是很好的例子。

換一個面向處理難題

一直以來，抗癌劑的主流都是口服或注射，目標在於有效以分子標的藥物攻擊癌細胞。然而，雖然目標是癌細胞，但與癌細胞相似的正常細胞也會連帶受到攻擊，副作用的問題始終無法避免。研發抗癌劑的大課題便是，如何減輕副作用，提高抗癌劑攻擊癌細胞的正確率。

不過這位猶太學者的想法完全相反。他不把癌細胞當敵人，而是把癌細胞當自己人，所以他不採用抗癌劑攻擊癌細胞，而是讓癌細胞自己製造抗癌劑。

癌細胞會在人體內強力吸收養分而不斷增殖，這位猶太學者想利用其強大吸收力，將奈米物質注入癌細胞，讓癌細胞本身變成抗癌劑製造工廠，最後因自身製造的抗癌劑而死去，這就是他的理論。

這嶄新的癌症治療方法深受世界矚目，吸引大量投資。

至今為止，人們都是致力於提高抗癌劑攻擊癌細胞的正確率，然而提高正確率有其限制，若執著在此難以改變副作用的問題。這位猶太學者以更寬廣的視野來思考，聚焦於癌細胞會從人體吸收養分進行增殖這一點，不再堅持抗癌劑與癌細胞只能敵對，反而**把癌細胞當自己人**，讓癌細胞自體產生抗癌劑，進行自殺性爆炸（suicide bomb）。

能不能藉由「將敵對轉為友好」來達成目的？試著如此思考，為自己找出活路。

練習26. 絕境生妙計

在中世紀歐洲，飽受歧視的猶太人經常被騎士強加罪名，然後處以刑罰。某個猶太人因此被逮捕。

身兼法官的騎士對他說：「你們猶太人的神不是很厲害嗎？這裡有兩個信封。信封內都裝著紙，一張寫著『無罪赦免』，一張是『死刑』。選一個吧！讓我看看你的神會創造什麼奇蹟。」

無路可退的猶太人拚命思考。「為了判我死，這騎士一定兩封信都寫『死刑』，既然如此……。」猶太人如此判斷，然後使出妙計。

問題

如果是你，你要如何脫離這個狀況？

如果兩個信封裡寫的都是「死刑」，怎麼選都是死路一條。那該怎麼辦呢？結果猶太人拿起其中一個信封，立刻把信揉成一團，接著竟然張開嘴把紙球吞進肚裡。

他對騎士說：「騎士大人，我所選的信內容應該跟留下來的信剛好相反。如果剩下的這封信裡寫的是『死刑』，那我就是無罪。所以，請您大聲說出剩下這封信的內容。」正如猶太人所預料的，兩封信裡都寫「死刑」，猶太人就這樣保住自己的性命。

這也是「神的觀點」解救臨死猶太人的例子。怎麼選都是死刑，若是改變規則，以留下的信封做出判決，那麼猶太人確實是無罪。

「不跟對手在同一地表上搏鬥」就是這個道理。**為什麼一定要遵守對手設下的規則？把規則變成對自己有利**就好了。只要具備「神的觀點」就絕對有可能。

在順境也要轉換觀點

當人習慣一件事或目前的做法，而且持續獲得成功，就很難放棄現有的規則與前提。如果未察覺現有規則已經落伍，不管是企業還是個人都會在激烈競爭中節節敗退，最後走投無路。

要擺脫慣性規則與前提，就必須運用「異次元觀點」。再次舉英特爾的例子。這是英特爾放棄記憶體事業，轉而發展CPU事業後的事情。

當時市場上追求的是可更快處理電腦數據的晶片，英特爾陸續推出符合市場需求的產品，奠定自身在業界的龍頭地位。隨著晶片的處理速度越快，英特爾的股價也就越高。

但問題來了。晶片速度越快，耗電量就越大，發熱量也會因此增加。英特爾的以色列研發小組很快注意到這一點，轉為開發可減少耗電的晶片。然而，該小組的研究方針卻被英特爾高層打回票。因為高層追求的是更快的晶片，與隨之而來的股價上漲。公司內部經過多次激辯後，英特爾成功推出降低耗電的新晶片，在市場上也大賣特賣。

相較於無法放棄追求速度方針的英特爾高層，以色列的研發小組很早就開始往省電晶片的方向發展。

企業高層看的是公司股價，而以色列研發小組則以宏觀的視野觀察：消費者想要什麼？行動裝置時代需要怎樣的晶片？發展省電晶片之舉，打破了以速度評價晶片優劣的業界常識，重新建立起以省電與否決定性能好壞的市場新規則。

如果當時堅持追求晶片速度，耗電量大的晶片銷路終究會越來越差。我們明白，如果只顧著追求眼前近利，很可能不會發現自己已經走錯方向。當事情順利發展，我們更應該從別的次元觀察現狀、維持思考，或在維持現狀的同時適度隨時代需求進行調整。

第 8 課

掌握人性以預測未來

練習 27. 遭竊的〈蒙娜麗莎〉

1911 年，羅浮宮裡達文西（Leonardo da Vinci）的名畫〈蒙娜麗莎〉（*Mona Lisa*）忽然遭竊。

有個因為工作曾出入過羅浮宮的男子[11]，在休館日前一天潛入美術館，趁著隔天館內維修工程嘈雜之際偷走名畫。兩年後，當男子打算賣掉〈蒙娜麗莎〉時，才被發現與被逮。

這起名畫遭竊事件固然震驚世界，但羅浮宮卻發生比名畫失竊還不可思議的現象。在名畫消失的兩年間，羅浮宮的入館人數是往年的好幾倍。

問題

你認為理由是什麼？

〈蒙娜麗莎〉遭竊號稱二十世紀最大的美術品竊盜事件。〈蒙娜麗莎〉不見了，但羅浮宮的參觀人數卻異常倍增。大家是為了想確認畫作是怎麼被偷而來的，又或是世紀之謎吸引人心？真相誰也不知道。

這件事在猶太人的餐會上變成討論議題。有個猶太人刻薄道：「羅浮宮根本不需要有〈蒙娜麗莎〉啊。把畫收起來美術館反而會賺得更多。」

日本也有一些類似的案例。例如，京都上賀茂神社前的「燒菓子」。據說這家店總是在上午就銷售一空，下午大都關門休息。特地跑一趟但想買的東西卻賣完了。「無論如何一定要買到！」或許是這種心情增加商品的稀有性，渴望買到商品的人潮一早就來店門口排隊。菓子本身當然美味，但其他地方買不到，而且不一定每次來都有，更是讓燒菓子變成人氣伴手禮。

羅浮宮裡發生的現象可用同樣的道理說明。消費者對於隨時都看得到、買到的商品很難感到有價值，對很難入手的東西特別感興趣。〈蒙娜麗莎〉忽然消失提高了畫作價值，

---

11 義大利工匠佩魯加（Vincenzo Peruggia）。

所以人們才會紛至沓來參觀曾展示過這幅畫作的地方。

做生意的關鍵

猶太人習慣在日常生活中進行這類思辨。或許很多人認為，在商業學校學習行銷的理論與方法更有助事業成功，但其實這類思辨議論才更接近行銷的本質。

商業活動是以人為對象，因此對人的理解將決定「商品」的樣貌。人為什麼要採取那樣的行動？為什麼願意付錢給這個商品或服務？做生意思考這些問題絕對有必要。

以在非洲賣化妝品為例。面對文化與膚色與我們不同的消費者，怎麼做才能讓化妝品熱賣？若把在自己國家銷售的商品直接帶過去，恐怕會賣不出去。因為我們認為的美，與非洲人感受的美不相同。只要提供人們渴望的東西，就一定賣得好。**商業這件事最重要的就是認識目標對象，理解對方的價值觀與文化背景**。

人性不曾改變

奠定現代社會產業基礎的行業與組織，如金融、保險、好萊塢電影、服裝與化妝品牌、珠寶等，許多都是由猶太人建構而成。

像是戴爾電腦、英特爾、梅西百貨（Macy's）、Ralph Lauren、Calvin Klein 服飾、雅詩蘭黛（Estee Lauder）、戴比爾斯（De Beers）……還有好萊塢電影等，幾乎都是猶太系資本。

為什麼猶太人能在各領域擁有傑出成就？因為了解人性。猶太人每天研讀《希伯來聖經》，而聖經中描寫的人類本質即使經過四千年也不會褪色。**即使科技再進步、社會如何變遷，人性都從未改變**。

猶太人認為，在商業學校學到的案例最多只適用二十到三十年，但聖經教導的人性故事充滿寓意，可帶領預測四千年後的未來。接下來，就讓我們看看猶太人如何從《希伯來聖經》與《猶太法典》學習關於人的一切。

練習28. 人口調查

摩西帶領猶太人逃離埃及，打算前往迦南。

他們在沙漠中流浪時，摩西進行人口調查。只要支付半個謝克爾（以色列貨幣），就能算入人口數。據說摩西因此收集到很大一筆錢，成為在迦南建設神殿的資金來源。

問題

為什麼這些人願意付錢接受人口調查？請說明你的想法。

摩西向每個人收取半塊謝克爾一事令人充滿疑惑。

進行人口調查要收錢，意思是不繳錢就不算是猶太人嗎？為什麼是收半塊謝克爾？摩西到底是為了什麼而收錢？

許多學者長年針對這些疑問辯論。有一派認為，收錢是為了凝聚猶太人的集體意識。古代猶太人逃出埃及後，一直到抵達迦南為止，在沙漠中流浪長達四十年。在此情況下，若是秩序大亂，可能招致民族滅亡。為了讓大家意識到自己是集體中的一員，摩西才會要求一個任誰都負擔得起的金額。

也有一派認為，摩西藉著向眾人收取微薄金錢，目的是要教導大家拋下自我中心的想法，重視集體、公共利益更甚於個人利益。據說也有猶太人拒絕付錢。為什麼一定要繳錢才能被視為一分子？（不過拒絕繳錢的人不被認同為猶太人，最後被趕了出去。）

最後，摩西收集到足以建設神殿的金錢。拿出錢的猶太人，一定有不少人是希望被認同為群體的一員；或許也有人只是不想被認為是個「連半塊謝克爾都不出的小氣鬼」。

這故事至今依然影響著猶太人。

猶太教堂的捐獻箱不像日本神社或寺院是把賽錢箱（如同臺灣寺廟的香油箱、功德箱）放在外面，而是放在教堂內只有信徒知道的地方，彷彿是在暗示信徒，捐錢才會被認同為團體的一分子。從小就被教導要為弱者捐錢奉獻的猶太人深諳這個道理。他們會在神聖的祈禱中排隊捐錢，「我正在捐錢喔！」叮叮噹噹的聲響響遍教堂。

除了實用，人為何掏錢？

《希伯來聖經》是一本可以了解人性的教科書。不過，你的身邊也有很多「活教材」。家人朋友、同事、主管，還有從古至今的所有人，都是學習對象。

仔細觀察人群，一邊思考：為什麼他會採取那個行動？其中藏有什麼樣的心理？這些問題能帶領我們越來越看清人性的特質。

如路易威登（LV）、香奈兒（Chanel）等名牌包，瑞士製超高級機械手錶（百達翡麗 Patek Philippe、勞力士 Rolex 等），還有卡地亞（Cartier）的項鍊戒指等，為什麼人會想要這些東西？思考看看。如果只考慮實用性，市面上多的是品質好、價位親民的商品。既然品質與功能相近，但金錢相差幾百倍。人類到底是為了什麼付錢？

鑽石在原石狀態下，只是一顆半透明的石頭。然而在比利時安特衛普（Antwerp）少數幾家猶太人經營的工房切割研磨後，轉眼就變身為價值幾萬倍的寶石。石頭本身沒有什麼功能，為什麼有人願意花大錢購買那顆鑽石？

這裡可以看出一些商業上共通的人性。是什麼？

許多企業生產的商品往往沒有這種「品質與功能相同，卻讓人願意多付好幾倍金額換取的東西」。

尤其日本企業向來致力追求品項的完整。以汽車廠商來說，就是從大眾車到高級車都生產銷售。不過這種商業模式不符合人性。因為人的情感只要到了一個「點」，對於對價性（覺得貴或便宜）的判斷就會完全不同。這個「點」是什麼？又該如何創造？以下說明將提供一些提示。

那就是《出埃及記》。究竟摩西是如何成功說服法老的？猶太人一生中必熟讀《希伯來聖經》超過上百次，一定馬上答得出來。或許你毫無頭緒，但請一定要思考看看。不只是書中舉出的例子，**只要習慣以「為什麼」來觀察所有日常看到的人類行為，就能更貼近促使該行為發生的人類心理**。

練習懷疑自己的觀點

探討人類心理時，〈第7課：從「不同次元」看事情〉的說明將有極大幫助。推測他人心情時，絕對需要站在對方角度思考；為了客觀捕捉自己的心理，試著從其他次元觀察自己也很有效果。

尤其在想了解跟自己立場相異者的心理時，只從自己平時所處的次元觀察對方，其實很難捕捉到對方真正的心態。若想除去阻礙彼此理解的心理障礙，以新的觀點觀察對方，改變觀察的次元就很重要。

以有錢人與被施捨的人（即強者與弱者的關係）為例來說明。在猶太信仰中，捐錢給弱者是義務，《希伯來聖經》上還明確指示施捨金錢時，應該注意的事情與具體做法。其中蘊含十分深入的人性觀察。比方說後面這個例子：

施捨金錢給人時，不僅是需要錢的當事人，能夠把錢分給在場所有人更好。受人給予金錢時，如舉行猶太婚禮，不能在簽到處收取禮金，應該把捐獻箱放在婚禮會場角落，不引起任何人注目。

你覺得理由是什麼？為什麼要把錢分給其實不需要錢的人？如果你這麼想，表示你還是站在施捨方的立場思考。

「我做了好事喔！」施捨者可能會有助人的優越感。但被施捨者又會怎麼想？除了感激，是不是更感嘆自己的遭遇很悲慘？如果在眾人面前接受施捨，更可能會自尊心受損，這樣的心情是施捨者難以想像的。

禮金基於相同的思考，是為了不讓窮人或忘記帶的人感覺丟臉。猶太教教導人民不強求禮金。

《希伯來聖經》之所以希望大家把錢分給在場所有人，是為了避免凸顯、讓被施捨者感覺悲慘。如果錢必須給特定的人，聖經建議不直接施捨，而是借給對方。因為借貸是平等的關係，借錢者不必因此感到難受。

不過聖經也教導我們不強求對方還錢，要等對方還得起時再收回。這樣的教義根源於不讓人感覺悲慘的思維，因此「默默行善」是鐵則。

強者有尊嚴，弱者也有尊嚴，但強者總在無意間踐踏弱者的尊嚴。《希伯來聖經》之所以站在弱者的立場，是因為猶太人曾是埃及的奴隸。

要了解不同立場者的心情與心理真的不簡單。「對方一定是這樣想。」試著懷疑這想法。**對自己的觀點抱持懷疑、從別的次元觀察，可以發現更多不同面向**。這也能訓練我們從二次元觀點、觀眾觀點，還有神的觀點來觀察所有事物。

只要能自由切換不同觀點，就能更貼近人類行為與藏在背後的心理。

練習 29. 兩個乞丐

中世紀時，有兩個猶太乞丐來到基督教王國法國。兩個人為了活下去，決定在路旁乞討維生。

怎麼做才能討到更多錢？他們努力思考。在採取某個方法之後，獲得的錢真的源源不絕。

問題

這兩個猶太人用了什麼方法要到錢？

如何讓許多人在乞丐面前停下腳步，把錢叮叮噹噹的投下來？如果兩人只是靠在一起乞討，恐怕只能得到勉強足夠當天充飢的錢。

想更有效率獲得金錢，重點是要揣摩人性，思考如何打動人心。這是「乞丐賺錢方法」的猶太傳說。

兩人的戰略是：同時在路旁乞討，不過一個人面前放的是猶太教象徵的大衛之星（Magen David），另一個人則是把十字架放在布上。

當時的法國，基督徒占壓倒性多數，放十字架的一方得到較多硬幣。放十字架的猶太人累積相當數量後，就在隱密處將硬幣交給放大衛之星的猶太人。兩人故意製造出這種景象：放大衛之星的人硬幣堆積如山，放十字架的人連一毛錢也沒有。

一位基督教神父偶然經過，看到放十字架的乞丐布上空空如也，大衛之星那位卻有堆積如山的錢幣。神父忍不住說：「這位基督教的乞丐，我覺得很難過。身為基督教神父，請讓我給你不輸給猶太人的錢。」說完便將幾枚硬幣放在十字架那位的布上。

據說兩人這樣一搭一唱幾天，就賺到做生意的本錢。基督教徒看到只有猶太教乞丐有錢，不可能置之不理。兩個猶太人冷靜揣摩人性演了一場戲，讓大家忍不住想把錢放在他面前。

琢磨人性與欺詐不同

許多人認為便宜的好貨就能暢銷，老實製作品質良好的商品是企業該努力的方向，恐怕無法接受這兩個乞丐的賺錢方法。可能也有人會對「輕輕鬆鬆就賺到錢」感到罪惡，覺得「不公平」或「不正當」。

有這種感覺的人，可能是將猶太人利用人性賺錢的方法，與靠欺騙人賺錢的手段混為一談，認為兩種都是卑鄙手法而感到厭惡。

事實上，猶太教也嚴禁子民以詐騙方式賺錢。賣水果時，不可將新鮮水果擺放在籃子上層，把不新鮮的藏在下層。布店不允許在捲尺刻度上搞鬼，秤店也不能為自身利益在秤上動手腳，這些都是《希伯來聖經》的教導。這些偽裝行為會帶給對方損失，是不正當的，與猶太人巧妙進攻人性特質的做法截然不同。

對輕鬆賺錢懷有罪惡感的人，是否還記得自己也曾為了想輕鬆賺錢，也就是「更有效率賺錢」而絞盡腦汁呢？

從兩個乞丐的故事可以了解，**想要有效率賺錢，就必須觀察人類的行動與心理，思考打動人心的方法**。打動人心的方法是自己創造出來的，什麼都不想、緊抓著舊方法不放的人，跟忙碌於市場戰爭中的人根本不能比。

何種納稅方式較切中人心？

說到打動人心的計畫，或許你會想得很複雜，但其實不需要想得太難。舉例來說，試著思考稅率的設計好了。或許很多人會說，如果可以還真不想繳稅。那麼要讓納稅人感覺可以輕鬆負擔，社會整體稅收也能確實增加，該怎麼設計稅率制度才好？

猶太文化中的「tzedakah」（捐款習慣，在猶太教義中是道德責任的慈善捐贈）就藏有精心設計的比率。

猶太教規定子民有捐錢給貧困者的義務，每個人都必須捐出收入的一〇%。一般人或許會認為應該設計成累進制，將最高稅率訂在五%，便可以從富裕階層收到更多錢。因為就算繳高額的稅金，富人剩下的錢還是比庶民多，這樣應該很好才對。

不過，猶太人不這麼想。因為對富裕階層而言，乖乖被榨取五%的稅金太可笑，還不如移民；或者是為了節稅，乾脆少賺一點錢。結果是反而造成來自富裕階層的稅金減少，社會整體的利益並未增加。

有鑑於此，收入的一〇%是多數人較能負擔的稅率，只要富裕階層有心賺更多錢，社會整體就會有更多稅收。這是一種仔細研究人性、讓民眾輕鬆維持納稅習慣的制度。

不收費更賺錢，運用人類心理

「怎麼做才能打動人心？」猶太人建構的金融事業，還有鑽石、黃金等礦產事業，皆源自這樣的思考。他們以此為起點建構事業計畫，打造出競爭對手無法匹敵的環境，以獨特不為人知的 know-how 持續帶來龐大利益。

近年來，網路事業再次出現嶄新形態。雲端資料同步硬碟 Dropbox、雲端記事本 Evernote 等，都是以免費服務吸引使用者，再透過 Skype、Google、Facebook、廣告賺取收入的成功案例。

「不收費該怎麼賺錢？」以看似矛盾的商業模式為主軸，資訊科技領域今後將持續蓬勃發展。不過，猶太人的這個商業模式，英國人很早前就曾實行過。

像是大英博物館（The British Museum）的本館雖然不收入場費（所以總是擠得水洩不通），但館內許多設備都要另外收費。許多人不花一毛錢進到博物館，最終還是在館內買東買西花了不少錢。「反正都特地來了」「也不知道什麼時候會再來」……總而言之，大英博物館巧妙運用了人類的心理。

無論是何種事業結構或商業模式，人類有需求就會花錢消費。

只要深入理解人性，你也可以不走別人開拓的道路，打造出不同形態的新事業。從人的外在行為到內在心理，只要不斷思考該如何打動人心，你就有機會想出改變世界的創新事業。

第 9 課

擁有堅定的價值觀

練習30. 捕鯨的批評

日本捕鯨的行為，一直受到反對的國家嚴厲批判。面對來自海外的批判，日本應該如何反駁？

a. 這些反對捕鯨的國家，過去不也曾經捕殺過鯨魚？
b. 這些反對捕鯨的國家，也會捕殺袋鼠或麋鹿來吃。這跟捕鯨不同嗎？
c. 日本捕殺的鯨魚種類沒有滅絕危機，從環保的觀點來看沒有問題。
d. 吃鯨魚是日本的飲食文化，捕鯨是必要的。
e. 反對捕鯨的國家，是把他們的信仰價值觀強加在其他國家之上，真令人困擾。
f. 以上皆非。（那麼，你會如何反駁？）

在世界性議題中，日本與其他各國的論點經常會出現歧異，捕鯨問題就是其中之一。日本在南極海進行的捕鯨調查，受到環保團體「海洋守護者協會」（ＳＳＣＳ，Sea Shepherd Conservation Society，是國際非營利性的海洋野生動物保護組織）強烈反對，甚至遭到ＳＳＣＳ向澳洲提告違反國際捕鯨取締條約（日方敗訴），來自世界反捕鯨的譴責聲浪不斷。

「為何要如此激烈反對捕鯨？」日本許多人都有此疑惑。然而，就是因為不懂被批判的理由，所以日本提出的反駁總是離題。

我舉幾個網路上常見的日本人說法：吃鯨魚、海豚，跟吃牛、羊不一樣嗎？你們說鯨魚跟海豚只能觀賞不能吃，但不是也有國家吃狗？這些反駁通通文都不對題。

對西方諸國來說，這些反駁連小學生的程度都不如。就好像超速被捕的人抗議：「前面的車不是開得比我還快嗎？為什麼只抓我？」這種反駁完全無法說服警察不開罰單。「別人不是也一樣？」主張自己行為的正當性時，這種反駁幾乎沒有效果。

具堅定價值觀的主張才有力

關於捕鯨問題，如果日本想跟西方各國爭論，就必須了解他們為何反對，弄懂其背景哲學。若不清楚其背後哲學，根本無法做出正中紅心的反駁。西方各國之所以反對捕鯨，是因為《希伯來聖經》的哲學。

《希伯來聖經》是構成猶太教、基督教與伊斯蘭教的基礎，西方社會與伊斯蘭社會都學習《希伯來聖經》，其中的哲學早已深入人心。「不可虐待動物」這種動物優先的思想，也是源於《希伯來聖經》。神在創造天地時，先創造出動物才造人，因此產生動物應優先於人類的觀念。

猶太戒律中，人可以食用的動物只有家畜類的牛、山羊與綿羊，而且條件是，屠宰方法必須符合Kosher。如果是利用殘忍的手法宰殺，讓家畜感到痛苦，即使只有一瞬間，這樣的家畜絕對不能吃。也就是說，禁止人類為了進食而以殘忍方式宰殺動物。

伊斯蘭教的清真飲食規定（Halal）幾乎相同，嚴禁讓家畜痛苦的槍殺、電動宰殺、鹽水電昏法等。另外，使用標槍、魚叉等工具刺殺也違反Halal的規定。這是西方國家反對捕鯨的根本哲學，日本人必須先了解這點。

日本捕鯨的方法是以船隻追趕鯨魚，再以標槍刺向其背部。鯨魚體積龐大不會馬上死亡，反而會被標槍不停攻擊，在痛苦中慢慢死去。各國重視的問題不在捕抓鯨魚跟海豚本身，而在殘暴的捕殺方式。

捕鯨的殘虐性才是這個問題的論點。若遲遲不察覺這點，日本就無法成功反駁，前面提到的a到e全部離題，c主張「日本捕殺的鯨魚種類沒有滅絕危機，從環保的觀點來看沒有問題」或許正確，但不是要討論的重點。日本該針對捕鯨的殘虐提出正當性主張。

不斷問問題尋找自己的價值觀

或許會有人對以聖經思想批判日本的國家反感，認為怎麼可以把一神論強加在他人身上。也可能有人會認為，猶太教、基督教、伊斯蘭教這世界三大一神論宗教的道德思想不能代表唯一正義。

那麼你的正義是什麼？你的價值觀又是如何？如果猶太人提出這個問題，又有多少人能理直氣壯侃侃而談？對猶太人而言，《希伯來聖經》的教導是絕對正義，《猶太法典》是歷經數千年討論也毫不動搖的價值觀。然而，許多人並沒有源自宗教的絕對價值觀。

日本人信仰佛教與神道，但兩者教義不僅矛盾，日本人在信仰的同時也缺乏「堅持相信這點」或「這點絕不能妥協」的信仰主軸。如果沒有主軸，我們自身所處的位置就永遠不明確，更無法對以堅定價值觀發表言論者提出反駁，甚至可說，沒有宗教信仰的人更應該好好思考議論。

我在本書中不停重申，唯有思考「為什麼」並進行思辨，才能真正接近事物的根本價值。**察覺真正的論點與思考背後的哲學，就是引導自我整理重要價值觀的思辨過程。**

練習31. 古代猶太人的退婚書

古代猶太人如此定義離婚成立的條件：「當丈夫把寫在紙上的退婚書交給妻子時，離婚即成立。」

問題1

所謂的「寫好退婚書」指的是只要丈夫告知妻子，離婚就成立嗎？

「今天起我不養妳了。」丈夫可以對妻子這麼宣告就離婚嗎？

寫了退婚書，但只是口頭告知妻子內容，並未把退婚書交給妻子。妻子只是「知道」丈夫要離婚，在這個狀態下離婚成立嗎？

答案是不成立，因為「遞交退婚書給妻子」是離婚成立的條件，所以光口頭告知，離婚並不成立。換句話說，此階段丈夫還是有扶養妻子的義務。

那麼下面的情況又如何？請分別思考看看。

問題 2

丈夫寫好退婚書，只把文字的部分剪下來交給妻子。這種情況下，離婚成立嗎？

關於只剪下文字的部分，現實上雖然難以想像，但《猶太法典》確實曾對此嚴肅討論過。文字裁剪的結果將影響離婚是否成立，這是多數人的意見。如果文字被剪得零碎無法閱讀，就失去退婚書的效力，離婚也就不成立。

問題 3

「這是退婚書，拿去吧！」丈夫寫好後拿給妻子。不過丈夫抓著紙的一端不放，妻子也緊抓著另一端。那麼，離婚何時成立？

「如果妻子不收下退婚書就是妻子不對。當丈夫拿出退婚書時，離婚就已經成立。」《猶太法典》中有這樣的意見。

那麼，讓離婚成立的「遞交退婚書」，是指怎樣的狀態？「當退婚書離開丈夫手中時，離婚即成立。」這樣的意見占多數。

問題 4

如果在退婚書的兩端繫上線。

「想離婚就拿過去。」丈夫把退婚書遞給妻子，但丈夫與妻子各自緊拉著退婚書兩端的線。

那麼，離婚何時成立？跟問題3一樣，請思考「遞交退婚書」是指什麼狀態？

「當丈夫手中的線斷掉時，離婚即成立。」《猶太法典》中這樣的意見占大多數。

這些議論到底想釐清什麼？應該注意到了吧，就是離婚成立的定義。

「當退婚書交到妻子手中時，離婚即成立。」為了導向此定義，才會有層出不窮、看似歪理的討論。反過來說，就是站在論點上的歪理謬論。那麼，**定義背後哲學是什麼？**

只要妻子手上有證明離婚的退婚書，隔天便可自由再婚。反之，當妻子被丈夫宣告

「我跟妳離婚了」但手中沒有任何證明，女性還是無法邁出人生的下一步。

這個定義源自保護女性的哲學。為確保女性隔日起即獲得自由，於是針對退婚書的狀態進行各種討論。若不知此背景，討論就會迷失方向，得到的也會是離題的主張。

或許很多人會說：「猶太人的歪理謬論到底哪裡有趣？」但這是錯的。首先，猶太人有根本的哲學，為了實現這項哲學，才針對各種可能出現的情況進行討論。

猶太人自幼便習於思辨，不斷被訓練思考背後的哲學，因此才能迅速掌握論點。我再介紹一則《猶太法典》的故事，請在閱讀〈練習32：牛與驢(1)〉〈練習33：牛與驢(2)〉的同時，試著思考故事背後的哲學。

練習32. 牛與驢(1)

《妥拉》說：「不可並用牛驢耕地。」

問題

這是為什麼？請說明理由。

為什麼不能讓牛與驢一起耕地？《猶太法典》裡淨是這類看似歪理的討論。牛跟驢不行的話，那老牛跟小驢可以嗎？長腳牛跟短腳牛可以嗎？瞎驢跟聾驢的話呢？

其實，不管是牛或是驢，如果讓力氣不一樣大的兩隻動物一起勞動，就算會一起前進，但步伐不一，根本沒辦法好好耕田。不僅如此，兩邊都會感到加倍疲累，特別是體型較小、體力較弱的一方更是辛苦，甚至會因此感到痛苦。

於是，書中又拋出這樣的問題：「那麼，牛跟金魚可以一起耕地嗎？為什麼不行？」對於這種沒頭沒腦的提問，一般人一定充滿疑惑：「咦？金魚在空氣中不是活不了嗎？」

即使是這樣，也不該就此不思考，而該想想：居然連金魚的例子都舉了，對方到底想表達什麼？那麼便有可能發現：如果讓牛與驢一起耕地，力氣小的驢子一定會被力氣大的牛牽著走，因此感到痛苦。「不讓牠們一起耕地」的教誨，是源自保護弱者的思考。社會中有強者也有弱者，有腳程快的人也有腳程慢的人。為了讓能力與體力有差異的眾人能夠共同生存，就必須配合弱者，不對弱者造成壓力。

這就是保護弱者的觀念。因此，讓牛與金魚一起耕地會如何？如果是驢子，可能只是會感到痛苦，但金魚卻會因為不能在空氣中存活而死亡。「啊！這就是弱者會被淘汰的理論吧！」你可能有察覺到這個道理。

思考問題背後的哲學

儘管是陳述符合事實的正確意見，但若對方沒有共鳴就無法討論，也可說是論點不一致。這時若不斷提出離題的主張，不僅沒辦法說服對方，對方可能連理都不想理。

若想找出論點，就必須思考「對方的主張背後存有什麼哲學」。不管是什麼主張，一定有其根源的思考與哲學。**針對一個問題，對方認為最重要的是什麼？這就是主張背後的哲學**。

例如世界重視的慰安婦問題，對日本的批判未曾停歇，就是因為日本主張的論點離題。日本政府表示：「沒有任何證據或事實指稱日本軍隊強行帶走女性，迫使她們成為慰安婦，因此日軍的慰安婦制度沒有問題。」日方談論的重點是「強制與否」。

不過這真的是慰安婦問題的核心嗎？非強制就能把慰安婦制度正當化嗎？「不能正當化吧！」但為什麼呢？

其他國家認為有問題的部分在哪裡？背後哲學又是什麼？唯有這樣思考，才能看清慰安婦問題的論點。事實上，他國爭議的論點不在強制與否，女性的人權問題才是重點。

找對論點，從當下問「為什麼」鍛鍊

「背後的哲學是什麼？」試著思考身邊發生的新聞或事件，可以培養找出論點的能力。以紅遍世界的迪士尼動畫《冰雪奇緣》為例。

在哼唱主題曲〈Let It Go〉之餘，要不要試著想想看：這部電影要傳達的訊息是什麼？因為好萊塢的作品每一部都潛藏著訊息。之前也提過，好萊塢電影是猶太人建構的一大產業，如今堪稱為猶太人的新聞臺，透過好萊塢電影即可看到猶太人所思考的未來。

究竟好萊塢想傳達給世人什麼訊息？《冰雪奇緣》想說的又是什麼？我的想法是這樣：這部動畫中最令人感動的部分，就是妹妹安娜不惜犧牲自己的性命，也要救姊姊艾莎的這一幕。結果安娜的身體凍結成為盾牌，為艾莎擋住了揮來的長刀。

當安娜漸漸甦醒，艾莎說：「You sacrifice for myself.」（妳為了我犧牲自己。）安娜回答：「Because I love you.」（因為我愛妳。）

這裡的「愛」與一般人認知的愛不同。這是即使犧牲自己的生命，也要救姊姊的手足之情。

《冰雪奇緣》想告訴觀眾手足之情的可貴。此外，沒有失去就沒有獲得，這也是猶太人的哲學。對妹妹安娜而言，失去的是軀體，得到的卻是姊姊的生命。

這種手足之情是猶太人所謂的「選擇性的愛」，跟「博愛」不同。關於兩者之間的區別，在她們年紀還小時，姊姊艾莎曾經對小安娜說過。你有發現是動畫中的哪一幕嗎？

所有事情都藏有訊息，背後都有哲學。能不能察覺端看平日是否養成問「為什麼」的

習慣。對於新聞和日常生活中的事件，不應只理解表面，要更深入思考「這裡面應該有什麼訊息才對，究竟是什麼？」這有助於察覺事物中蘊藏的哲學。

練習33. 牛與驢 (2)

「不可並用牛驢耕地。」這則教導背後的哲學是保護弱者的思考。如果有人腳程快、有人腳程慢，則必須配合腳程慢的人。

有人提出反論：「若配合腳程慢的驢子，效率就會變差。不是應該配合力氣大的牛才對？」

問題

站在保護弱者的立場，要如何反駁？

如果配合驢子，效率跟產量就會下降，如果配合牛的步伐，牛就會努力工作，提高穀物的產量，這樣對驢子來說也有好處。

有沒有覺得這個論點很熟悉？沒錯，這就是以大企業優先的經濟政策，也就是「強者理論」。這個理論主張，如果大企業賺錢，社會整體的收入也會跟著增加。

若必須站在「保護弱者」的立場再進行反駁，該採取什麼論點才好？重點在於該以什麼樣的論點強化「配合弱者」的正當性。

下述例子應該足以反駁：

世界上有強者也有弱者，有萬獸之王的獅子，也有弱小的老鼠。若世界為了配合強者獅子，導致弱者老鼠滅絕，將會引發食物鏈崩壞瓦解，最後連獅子也會活不下去。

淘汰弱者，強者也無法生存。一個強者與弱者能共存的社會，將擁有整體的和諧，對強者來說也較容易生存。

堅定價值觀，讓你論述有邏輯

猶太教義說，如果有強者與弱者，務必配合弱者。只要思考神為何創造一個有強者也有弱者的世界，必將察覺神期待見到強者與弱者共存的和諧世界。猶太人自古至今不停思辨，都是為了理解神的意志。他們得到的結果就是「要保護弱者」的立場。

如果有人問：「為保護弱者導致國力衰退，經濟因此停滯該怎麼辦？」猶太人一定會回答：「那有什麼關係？神期待的不是一個弱者無法生存的世界。」面對擁有明確、堅定價值觀的猶太人，只能以強而有力的論點來對抗。

許多人雖然沒有宗教給予的明確價值觀，但依然能感覺出什麼正確、什麼不正確。大企業不停賺錢，中小企業卻慘遭壓榨，這樣的社會太奇怪了，很多人因此感到憤怒。

「不然效率跟產能該怎麼辦？」「光是保護弱者就可以跟世界競爭嗎？」面對這些質疑，一般人大都就這麼閉上了嘴。

不擅以理論說明自身立場正當性，相當吃虧。然而，**我們必須先有支持自身立場的價值觀與哲學，之後才能思考如何以論點說明自己的價值觀與哲學。**

找出價值觀經得起驗證的依據

以捕鯨的問題為例。西方各國反對捕鯨的論點是「捕鯨的殘虐性」。前面已經說過，日本要說服西方各國的唯一辦法，就是在此論點上主張日本的正當性。

假如以標槍捕殺鯨魚、讓鯨魚遭受痛苦就是被視為殘虐的原因，那麼改變捕殺方式就是方法之一。例如，提出「利用注射讓鯨魚安樂死」的做法，那些反對捕鯨的國家應該就不會再說什麼。

除了改變捕殺方式之外，沒其他辦法反駁了嗎？能不能正面主張日本做的是正當行為，日本的捕鯨方式並沒有錯？只要願意，先不論是否符合現實，是有反駁的方法。

如果是我，我會思考：西方社會的文化與價值觀是由《希伯來聖經》的哲學與權威所建構，要從正面挑戰，就得提出足以正當化日本行為的思想體系，來對抗反捕鯨國家的思想體系。換句話說，除了提出一個不輸給一神論思想、獨特堅強的思想體系，沒有其他反駁的方法。這也就是西方常說的「能打敗宗教的只有宗教」。

我的理論是這樣：如果是人要吃的，不管用什麼手段捕殺野生動物都會被原諒。因為我們的宗教明確告訴我們，若是為了食用，讓動物感到痛苦是可以被原諒的。假設日本人的宗教信仰是佛教，如果釋迦摩尼佛有說過：「為了吃才捕殺動物沒關係。」那麼就該拿出來作為主張。

不過，光是提出主張不夠。為了證明這不是現學現賣的主張，還必須動員宗教學者與西方佛教學者共同研究，哪部經典提及可以捕殺動物，需透過大量引用才能反駁《希伯來聖經》禁止虐待動物的思想。

猶太教是經過四千年不斷思辨所確立的宗教體系，唯有建構出分量足以與其抗衡的理論，才能做出有說服力的反駁。

絕不沉默

過去曾有一位人物以相同方法成功打敗絕對權威，這個人就是英國的亨利八世（Henry Ⅷ）。為了對抗拒絕他提出離婚請求的羅馬教宗，亨利八世通過了「至尊法案」（Act of Supremacy，致使國王成為英國國教會的最高領袖），直接挑戰羅馬教宗的權威。

自此之後，英國國教會便以英國國王為首，據說這個新宗教體制的成立，受到眾多《希伯來聖經》學者與宗教家在學術與思想上的支持。或許有人會認為，一定得做到這個地步才能主張正當性嗎？亨利八世的做法或許並非誰都模仿得來，但這確實是「以論點主張正當性」。

對於自己認為正確之事，千萬別以為不須言語就能與他人心意相通。這是東方人不好的習慣，也是弱點，特別是在面對價值觀與文化背景不同的人時，更必須致力以論點說明自己的正當性。

事情的是非對錯會隨著時代與狀況改變，有時過去的善是今日的惡，反之亦然。**在不斷變化的環境中，如何讓眾人接受「這是對的」，唯一方法就是有道理可循的論點**。

練習34. 哪一隻是神聖的小牛？

《妥拉》說：「牛最初生下的小牛是神的孩子（聖子），必須獻給神。」

問題

以上述為前提，請思考以下狀況：鼬鼠鑽進懷孕的母牛體內，用嘴吸出牛胎，然後再把胎兒吐進另一頭母牛的身體裡。這頭母牛生下的小牛依然是聖子嗎？

這問題想探討的是：鼬鼠從母牛體內取出的胎兒是最初的小牛嗎？又或者把胎兒放進其他母牛體內，生下的小牛才是最初的小牛？

雖然現實中不會發生這種事，但猶太人還是認真思辯。「《猶太法典》又在討論些莫名其妙的事了！」

絕不能這麼想，應該要去思考，這些故事帶來的思辨到底想傳達些什麼。

這裡討論的問題是：什麼是出生？換句話說，透過人工方式生下孩子，可以算是神聖的出生嗎？這個討論在現代依然是熱門議題。

除了改宗者之外，猶太教認為猶太母親生下的孩子就是猶太人，因此人工授精與代理孕母的出現變成大問題。

代理孕母的爭議難分難解，到底提供卵子的女性是母親？還是懷孕生產的女性才是母親？兩派意見壁壘分明。「猶太母親的卵子」生下的孩子就是猶太人？或者即便是異教徒的卵子，只要「在猶太母親的子宮內孕育成長」，生下的孩子就是猶太人？

假設重視的是血脈遺傳，只要提供卵子的女性是異教徒，就算懷孕生產的是猶太女性，生下的孩子就不是猶太人了嗎？

本質思考帶你預測未來

猶太教《猶太法典》中的問題設定，全是隱喩（Riddle）與比喩（Metaphor）。隱喩指的是難題怪問，簡單來說有點像腦筋急轉彎，而且這些怪問全都是比喩，若照字面思考，得到的將是牛頭不對馬嘴的回答。

例如《希伯來聖經》說：「以牙還牙，以眼還眼。」這是什麼意思？

「被挖掉眼睛就挖對方眼睛，被打斷牙齒就打斷對方牙齒。」若不明白眼與牙是種比喻，很可能會解讀為可採取報復行為。然而，這可大大誤解了《希伯來聖經》的寓意。眼睛與牙齒都是比喻，前面的眼是指遭受的損失，後面的眼則是指金錢賠償的程度；前面的齒是遭受的其他損失，後面的齒是與該損失相符的賠償金額。換言之，猶太律法規定，遭受損失時，應該要求與損失相符的賠償。

鼬鼠取出母牛胎兒的故事，其實也與另一個現代議題有關：懷孕幾週後墮胎，會變成墮胎罪呢？第4課〈練習14：墮胎的規定〉也曾經提及，猶太教認為懷孕四十天以內，胎兒都是母體的一部分，但是四十天之後即視為人類，因此主流認為懷孕超過四十天後禁止墮胎。

此定義根源於最根本的疑問：受精卵何時成為胎兒（人類）？受精的瞬間？著床時？第一個細胞分裂時？還是腦部與手腳形成的時候？

鼬鼠從母牛體內取出的胎兒，跟放到別的母牛體內再產下的胎兒，哪個才是牛的孩子？這則故事讓我們知道，**透過思考辨析事物的本質與原理，能成為超越時代的普遍價**

值，甚至可預測未來，帶動科學的進步。

勇敢提出你的懷疑

最後，我想再次強調「所有事物都是思辨對象」的重要。懷疑常識、懷疑權威，就連親眼所見之事與內心感受都應該懷疑，深入探究「為什麼」。

唯有不受任何限制的自由思辨，才能看清事物的本質與原理。對萬事萬物進行思辨可以帶來智慧。

探究事物的本質與原理時，不管對象為何，只要試著思考「這是怎麼一回事」即可。例如，試著針對「正義是什麼」一題徹底思辨。

紐約曼哈頓有個哈佛俱樂部，俱樂部會定期舉辦《聖經》讀書會，我有時會參加，跟大家一起熱烈討論《聖經》章節內容。我們曾經討論到，猶太教義認為「己所不欲勿施於人」，這是絕對真理，被奉為黃金法則。「我不想被刀刺，所以不能拿刀刺人。」就是這樣的道理。針對這點，身為猶太教徒的我拋出問題：「真的是這樣嗎？這是人類社會共通的絕對倫理嗎？」

如果說己所不欲勿施於人，那為了保護自己而殺人可以被原諒嗎？如果自己不想被殺，也就不能為了自衛而殺人，那麼報復呢？如果某人殺了自己的孩子，那失去孩子的父母可以殺了犯人嗎？而以法律之名逮捕犯人，再執行死刑就可以嗎？

然後，身為猶太教徒的我又再問：「黃金法則的反論是真理嗎？希望別人對自己做的事，也可以對他人做嗎？」

例如，與人初次見面時，喜歡被擁抱代替問候的人，就能夠不打招呼直接擁抱別人嗎？希望自己罹癌時可以接受安樂死的醫師，就可以對患者執行安樂死嗎？另外，民主主義的多數決是正義嗎？戰爭中殺人可以被原諒嗎？動物能否跨越物種交配？交配後能否生存？這些全是應該思考的問題。

運用思考分析預測未來

請大家回想〈練習31：古代猶太人的退婚書〉的故事。什麼才能作為離婚的證明？口頭傳達離婚之意即可嗎？還是要以書信狀態交給妻子呢？過去針對此問題出現許多歪理，但到了電子數位時代，即使紙張已很少被使用，但「以什麼證明」的原理依然存在。

從紙張發展到數位，過去紙張具備的功用（對持有者本人有效的證明），如今已被帳號與密碼取代。這叫電子認證，透過只有本人才知道的暗號確認本人意願。

不過，如果帳號密碼被盜用了怎麼辦？該如何認證是本人？針對此狀況發展出來的就是安全認證問題。例如，詢問「母親的舊姓」「寵物的名字」等只有本人才知道的事情來驗證。

如果連這個方法都遭到破解又該如何？因此，人們緊接著發展出，以文字訊息傳送驗證碼到本人登錄的手機，再於三十分鐘內輸入電腦的方法。

在日新月異的數位社會，如果想要成功預測未來，就必須徹底思考不會隨著時代改變的事物本質與原理。不受常識限制，不只相信自己所見，不管這個時代可不可能實現……拋開所有限制與束縛盡情思辨。你一定能找到開拓未來的鑰匙。

結語

勇於挑戰現狀，才能造就不凡

現今日本社會一味重視「閱讀空氣」（指觀察環境氛圍），只顧追求服從體制。然而，他國卻認為，唯有主張個體的不同才有存在的意義。

重視每個人的個別差異才是世界的常識。舉例來說，日本過去也曾有近似 iPhone 的產品出現，就是夏普（Sharp）開發的觸碰式電子記事本 Zaurus，內建行程管理、通訊錄、筆記本等各種功能。只要再加上通話功能，幾乎就跟 iPhone一模一樣。

這發生在 iPhone 問世之前。然而不知道為什麼，Zaurus 消失在市場上，目前放眼望去，清一色都是 iPhone。希望大家仔細思考箇中原因。為什麼 Zaurus 會消失不見？為什麼 iPhone 能席捲全世界？

我認為 Zaurus 之所以不能成為 iPhone，是因為開發者與企業太過重視社會氛圍的緣故。「這功能也沒有」「想做那個也不行」「不好用」……當時應該出現了各式各樣的負面意見。或許就是這些負評，讓過度在意社會輿論的開發者退縮。

日本社會就是欠缺針對根本問題、社會規範等進行討論，同時敢於提出不同意見的文化。賈伯斯（Steve Jobs）就完全不在乎身邊氣氛，而能以獨特的宇宙觀點創造出 iPhone。

我再舉個例子，說明為什麼日本人是個容易受環境氣氛左右的民族。

過去電視曾播出知名作曲家佐村河內守（自稱雙耳失聰，一度被喻為日本貝多芬）特集，其音樂作品在日本被譽為讚歌，引發日本國民熱烈搶購的現象。不過，日後卻爆出他其實是請槍手代寫樂曲，自此之後專輯便完全賣不出去，市面上再也找不到他的ＣＤ。

那些搶購的人究竟是被樂曲打動，還是因為作曲家是聽障者才覺得感動？所謂受氣氛影響，指的就是後者。

忽略樂曲本身的價值而受環境氣氛左右，就是缺乏獨立思考最典型的例子。如果真的是被樂曲本身感動，那麼應該不管作曲家是誰，都會賣得很好不是嗎？

哥白尼勇於提出挑戰太陽繞著地球轉的地動說、達爾文（Darwin）提出演化論反駁世上所有生物皆由神創造等說法，還有霍金博士（Stephen Hawking）提出宇宙自大爆炸以來，仍然持續膨脹的理論。正是這些不在乎周遭氣氛、勇於挑戰當下社會常識的人，才能徹底改變全世界。

在日本人與日本社會只顧觀察環境氛圍的同時，是否也變成了只隨股價起落而悲喜的民族？若日本與日本人今後持續一味追隨環境氛圍，那麼持續失落也不奇怪。

「STAP細胞無法再現，所以不存在。」這個氣氛是否正確？難道再現性是唯一的科學標準？

（STAP，Stimulus-Triggered Acquisition of Pluripotency cells，刺激觸發性多能性獲得細胞，曾任日本理化學研究所研究員的小保方晴子及其研究團隊，二〇一四年一月在英國《自然》（*Nature*）科學期刊發表論文，表示成功培育出能分化為多種細胞的新型萬能細胞「STAP細胞」。然而，很快有許多研究人員揭露該論文存在多處疑點，日本理研在同年四月一日宣布，該篇論文存在「捏造」和「竄改」。小保方晴子「學術女神」的形象因此崩塌，博士資格最終遭到取消。）

那麼，「人類從猿猴進化而來」能在實驗室裡重現嗎？恐怕沒辦法吧！難道因此達爾文的進化論就不是科學了嗎？環境氛圍有時也會否定了科學。

畏懼權力所以不敢說真正想說的話，「閱讀空氣」就是這麼一回事。

閱讀空氣就是停滯。

閱讀空氣就是盲從。

閱讀空氣就是毫無創造。

閱讀空氣就是不敢承擔風險。

所謂的「空氣」就是指現狀，而且是自身周遭的狹隘現狀。一個充滿只會閱讀空氣的人的社會，不用說，根本不可能有所發展。

國家圖書館出版品預行編目（CIP）資料

猶太人每天鍛鍊的WHY思考法：34個問題演練，讓你理性思考、勇敢議論所有事／石角完爾著；林雯譯. -- 初版. -- 臺北市：城邦商業周刊, 2020.03

240面；14.8×21×1.45公分

譯自：ユダヤ式Why思考法

ISBN 978-986-7778-97-0（平裝）

1.思考 2.猶太民族

176.4 109000454

猶太人每天鍛鍊的WHY思考法

34個問題演練，讓你理性思考、勇敢議論所有事

（本書為改版書，初版書名為《勇敢議論所有事！》）

作者	石角完爾
譯者	林雯
商周集團執行長	郭奕伶
視覺顧問	陳栩椿
商業周刊出版部	
總編輯	余幸娟
責任編輯	徐榕英、林杰蓉
封面設計	孫永芳
版型設計／排版	顏麟驊
出版發行	城邦文化事業股份有限公司-商業周刊
地址	115020 台北市南港區昆陽街16號6樓 電話：（02）2505-6789　傳真：（02）2503-6399
讀者服務專線	（02）25108888
商周集團網站服務信箱	mailbox@bwnet.com.tw
劃撥帳號	50003033
戶名	英屬蓋曼群島商家庭傳媒股份有限公司城邦分公司
網站	www.businessweekly.com.tw
香港發行所	城邦（香港）出版集團有限公司 香港灣仔駱克道193號東超商業中心1樓 電話：（852）25086231　傳真：（852）25789337 E-mail：hkcite@biznetvigator.com
製版印刷	中原造像股份有限公司
總經銷	聯合發行股份有限公司　電話：（02）2917-8022
初版1刷	2020年3月
初版7刷	2024年8月
定價	320元
ISBN	978-986-7778-97-0（平裝）

藍學堂

學習・奇趣・輕鬆讀